# Äpfel & Birnen

Ulrich Mayr



GARTEN-FIT

- Sorten und Anbau
- Fitness und Gesundheit
- Feine Rezepte

Ulmer

# Inhalt

## Bäume für jede Jahreszeit

*Mit dem prächtigen Blütenmeer im Frühling beginnt die Vorfreude auf die Ernte im Herbst.*

4

## Geschichte(n) von Apfel & Birne

*Von Adam & Eva über die Römer und Karl den Großen bis zum Kinderfest unserer Zeit: in Legenden und Brauchtum hat besonders der Apfel seit jeher große Bedeutung.*

8

Sorten und Anbau

## Äpfel und Birnen im Garten

*Wissenswertes über die neueren Züchtungen und Grundsätzliches über Pflanzung und Pflege von Kernobst-Bäumen.*

16


Inhalt

## Gesundheit zum Genießen

*Nicht umsonst sind Äpfel und Birnen als knackiger Pausensnack so beliebt. Sie strotzen geradezu vor gesunden Inhaltsstoffen.*

44

## Zum Reinbeißen zu schade?

*Fast jede Familie kennt Geheimrezepte für Äpfel und Birnen. Entdecken Sie hier Köstlichkeiten, die Sie bestimmt noch nicht probiert haben.*

58

## Bezugsquellen

*Auf der Suche nach einer bestimmten Sorte, Fragen oder Probleme? Die richtigen Ansprechpartner finden Sie hier.*

## Register

*Schnell gefunden: Ob Sortenname, Inhaltsstoff oder Rezept – die wichtigsten Informationen von A bis Z.*

# Bäume für jede Jahreszeit

***Ein Apfel- oder Birnbaum im eigenen Garten erfreut im Frühling mit seiner duftenden Blütenpracht, spendet im Sommer mit seinem Laub willkommenen Schatten und liefert im Herbst leckeres Obst. Wir sollten das Schöne öfter mit dem Nützlichen verbinden und wieder mehr Obstbäume in unsere Gärten pflanzen.***

Bestseller wie 'Golden Delicious', 'Jonagold' und 'Elstar' dominieren das heutige Apfelangebot. Sie sind aber mehr oder weniger anfällig gegen die Pilzkrankheiten Schorf und Mehltau und benötigen darum einen umfassenden Pflanzenschutz. Für den Hausgarten sind sie weniger geeignet, doch bieten resistente Sorten eine Alternative. Das genetische Potenzial der Resistenz gegen Schorf und Mehltau stammt ursprünglich aus kleinfrüchtigen Wildäpfeln. Erst durch viele Rückkreuzungen mit großfrüchtigen Kultursorten entstand etwas Genießbares. Gentechnik war hier nicht im Spiel!

Natürlich muss bei solchen Neuheiten die Qualität stimmen. Bei den ersten resistenten Sorten wogen gewisse Nachteile bei der Qualität und Lagerfähigkeit den Vorteil der Resistenz nicht voll auf. Die neuen Generationen an schorfresistenten Sorten haben aber bereits bei zahlreichen Degustationen ihre Qualitätseigenschaften unter Beweis gestellt: sie sind knackig, saftig und haben einen guten Geschmack.

Ob eine Frucht gut oder schlecht schmeckt, hängt aber auch vom Zeitpunkt der Ernte ab. Nur wenn der Apfel oder die Birne am Baum voll ausreift, bilden sich Zucker und Säure in einem sortentypisch ausgewogenen Verhältnis. In Frankreich und Italien fragen sich die Obstbauern, warum wir Deutsche so gerne unreife Äpfel mögen. Bei ihnen wird der 'Golden Delicious' noch grün gepflückt, damit er dann rechtzeitig in den allseits bekannten Fünf-Pfund-Plastikbeuteln in die deutschen Supermärkte kommt. Zum Glück ist man diesen marktwirtschaftlichen Zwängen im eigenen Hausgarten nicht unterworfen und kann die Früchte am Baum voll ausreifen lassen.

*Selbst im Winter spielen Obstbäume eine Rolle: Schneidet man am St.-Barbara-Tag (4. Dezember) Apfel- oder Birnenzweige und stellt sie im Haus in eine Vase, blühen sie zu Weihnachten*

„Esst mehr Obst – Obst ist gesund" stand schon zu Urgroßmutters Zeiten auf den Packpapier-Tüten, in denen Äpfel und Birnen auf dem Markt verpackt wurden. Heute haben wir ein umfangreiches Wissen über Mineralstoffe, Vitamine, Ballaststoffe und deren Wirkung. Neuer sind Erkenntnisse über die bioaktiven Substanzen, zu denen die Gruppe der sekundären Pflanzenstoffe gehört und die in Äpfeln reichlich vorkommen. Sie werden zwar nicht als lebensnotwendig beurteilt, doch die gesundheitsfördernden Wirkungen im menschlichen Organismus treten immer deutlicher zu Tage. Der Apfel selbst nutzt diese Substanzen zur Abwehr von Krankheitserregern oder zum Schutz gegen UV-Strahlung.

Ein Birnbaum am Haus liefert frisches Obst ohne lange Wege

Diese Früchtchen haben es also wirklich in sich. Apfel und Birne sollen hier aber nicht nur unter gärtnerischen Aspekten wie den geeigneten Sorten und deren fachgerechten Anbau betrachtet werden. Auch der geschichtliche, gesundheitliche und kulinarische Blickwinkel soll nicht zu kurz kommen. Möge dieses Buch eine fachliche Hilfestellung bieten, für viel Freude und Erfolg im Hausgarten sorgen und so richtig Lust auf Kochen und Backen mit Äpfeln und Birnen machen.

# Hintergrund

# Hintergrund

# Geschichte(n) von Apfel & Birne

***Schon sehr früh hat jeder von uns mit dem Apfel Bekanntschaft geschlossen. Es beginnt mit dem süßen Brei aus dem Babynahrungs-Gläschen. Später hören wir das Märchen von Schneewittchen und den sieben Zwergen oder die Geschichte von Adam und Eva, die wegen eines Apfels das Paradies verlassen mussten. Zahlreiche Mythen, Legenden und Volksweisheiten ranken sich um den Apfel. Keine andere Frucht hat die Menschheitsgeschichte, die Kultur und die Kunst in Europa so beeinflusst wie der Apfel. Er wird also nicht umsonst als die Frucht der Früchte bezeichnet.***

Der Apfel ist eine der ältesten Kulturpflanzen Europas und Vorderasiens und das wichtigste Obstgehölz in unserer gemäßigten Klimazone, gefolgt von der Birne, jedoch in weitem Abstand. Das Bundes-Obstarten-Sorten-Verzeichnis umfasst derzeit mehr als 2700 alte und neue Apfelsorten und rund 840 Birnensorten – es wäre unmöglich, in diesem Buch auf alle einzugehen.

## Herkunft von Apfel und Birne

Die Gattung Apfel *(Malus)* und die Gattung Birne *(Pyrus)* gehören zur Familie der Rosengewächse (Rosaceae). Die Geschichte unserer heutigen Kulturäpfel und Kulturbirnen ist weit verzweigt und reicht bis ins Erdaltertum zurück. Im Südwesten Chinas entwickelten sich vor etwa 25 Millionen Jahren die Vorläufer der heutigen Wildapfel-Arten. Die da-raus entstandenen Wildformen *Malus sylvestris* (Holzapfel) und *Malus pumila* (Zwergapfel) hatten wesentlichen Anteil an der Entwicklung unserer Kulturäpfel. Bei der Birne gehen sämtliche europäischen Kultursorten auf die Wildformen *Pyrus pyraster* (Holzbirne), *Pyrus nivalis* (Schneebirne) und auf eine Kreuzung beider Arten, die *Pyrus salviifolia* genannt wird, zurück.

*Der Vorgänger unserer heutigen Äpfel: Der Wild- oder Holzapfel (Malus sylvestris)*

*Die Familie der Rosengewächse ist sehr groß. Zu ihr gehören neben den Rosen auch Äpfel, Hagebutten, Zwetschgen, Brombeeren, Ebereschen und viele mehr*

## Von der Antike ins 19. Jahrhundert

Erst als der Mensch sesshaft wurde, begann er, Einfluss auf die Obstkultur zu nehmen. Aufzeichnungen und Abbildungen zeugen von einem

## Zur Info

### *Woher kommen die Namen?*

***Der Name „Malus" als Bezeichnung für den Apfel geht zurück auf das lateinische „malum" (= Unheil, Übel, Schaden).***
*Adam konnte der Versuchung nicht widerstehen und aß von den verbotenen „Früchten der Erkenntnis". Durch diesen Sündenfall brachte er Unheil und Tod über die Menschheit.*
*Über den Ursprung des lateinischen Namens „Pirus" oder „Pyrus" als Bezeichnung für den Birnbaum wird noch heute spekuliert. Isidor, um 600 Erzbischof von Sevilla, sah einen Zusammenhang zwischen dem leuchtend roten Herbstlaub des Birnbaums und „Pyro" – dem griechischen Wort für Feuer.*

hoch entwickelten Obstbau des alten Perserreiches im 6. Jahrhundert vor Christus. Entlang der Handelsstraßen verbreiteten sich die Apfel- und Birnensorten nach Ägypten und auf den Peloponnes. Den Griechen war bereits das Pfropfen bekannt, eine entscheidende Technik zur Vermehrung ausgewählter Sorten. Die Römer sorgten für die weitere Verbreitung der Obstkultur in ihren gallischen und germanischen Provinzen und verbesserten die Anbaumethoden. So waren die Römer also nicht nur in Sachen Wein die Lehrmeister der Deutschen und Franzosen, sondern auch im Obstbau.

Entscheidend geprägt wurde die Entwicklung der Apfelkultur durch Karl den Großen (768–814), in dessen Verordnungen bereits Apfelsorten zur Vermehrung empfohlen wurden. Besonders wertvolle Beiträge zur Obstkultur kamen von den Klöstern und den Gärtnern an den Fürstenhöfen und Königshäusern. Die gezielte Förderung der Obstkultur per Dekret durch die Landesherren setzte sich letztendlich bis zum Ende des 18. Jahrhunderts fort. Besonders nach dem Dreißigjährigen Krieg wurden zahlreiche Pflanzungen angeordnet, entlang von Straßen und Wegen sowie auf großräumigen Hanglagen, die weder für den Ackerbau noch für den Weinbau geeignet waren. Im Wesentlichen geht auf diese Aktivitäten der Streuobstbau zurück, der für viele Regionen vor allem in Südwestdeutschland heute noch landschaftsprägend ist.

*Pomologen waren Obstkundige aus verschiedenen Berufen und Ständen, die sich im 19. Jahrhundert bei der Auslese von Obstsorten mit günstigen Eigenschaften verdient machten*

*Beim Pfropfen handelt es sich um eine Art der Veredlung, die vor allem auch bei Obstbäumen angewendet wird. Damit besteht die Möglichkeit, beispielsweise den Ertrag eines Baumes zu erhöhen oder verschiedene ausgewählte Sorten von einem einzelnen Baum zu erhalten*

Im 19. Jahrhundert, in der Blütezeit des deutschen Obstbaus, haben sich zahlreiche Pomologen in der Auslese von Sorten verdient gemacht und Bemühungen angestellt, Ordnung in die große Zahl von Apfel- und Birnensorten zu bringen. Leider misslang das Vorhaben, ein umfassendes System zu entwickeln, mit dem man vorhandene Sorten anhand von Fruchtmerkmalen identifizieren und neue Sorten klassifizieren hätte können. Ursache dafür war die außerordentlich hohe Variabilität der für die Bestimmung maßgebenden Fruchtmerkmale, die durch das Alter der Bäume, unterschiedliche Standortbedingungen und auch Pflegemaßnahmen bedingt sind.

## Mythen, Legenden und Volksweisheiten

Oft heißt es: „Der Apfel fällt nicht weit vom Stamm" oder man muss „in

## Zur Info

### *Die Birne und das Weibliche*

***In den Legenden und Volksweisheiten wird die Birne meist dem Weiblichen zugeordnet.***

*In der schwäbischen Wallfahrtskirche „Maria Birnbaum" in Sielenbach wird auch heute noch „die liebe Frau unter dem Birnbaum" wegen frauenspezifischer Anliegen um Hilfe angerufen. Auch in der Malerei bestimmter Epochen ist immer wieder die Formverwandtschaft des weiblicher Körpers mit der Birne zu entdecken.*

den sauren Apfel beißen" – Sprichworte, die jeder von uns kennt und häufig benutzt, um bestimmte Situationen im menschlichen Leben anschaulich zu machen. Und dass Martin Luther, falls morgen die Welt unterginge, heute noch ausgerechnet ein Apfelbäumchen pflanzen würde, war sicher auch kein Zufall.

Äpfel waren schon immer Teil unseres Lebens. Bekanntlich hat die ganze konfliktreiche Menschheitsgeschichte mit einem Apfel begonnen. Adam konnte der Versuchung nicht widerstehen und aß die köstliche Frucht, doch das Kernhaus blieb ihm im Halse stecken. So kamen die Männer zu ihrem Adamsapfel.

Um einen Apfel ging es auch, als der arme Paris die Schönste unter den Göttinnen Hera, Athene und Aphrodite wählen musste. Er entschied sich für Aphrodite und überreichte ihr einen goldenen Apfel. Als Dank erhielt er die schönste unter den irdischen Frauen, Helena, die aber unglücklicherweise verheiratet war. Der Trojanische Krieg war die Folge und der „Zankapfel" schrieb Geschichte.

In den nordischen Mythen galt der Apfel als Symbol der ewigen Jugend, aber auch der Liebe und der Fruchtbarkeit. Die Göttin Iduna, deren Name "Immergrün" bedeutet, war die Hüterin der so begehrten Äpfel der Jugend.

Die Mythologie ging nahtlos in den Aberglauben über. So teilten und aßen frisch Vermählte im Brautgemach einen Apfel, denn der Apfel macht fruchtbar. Häufiger Apfelverzehr während der Schwangerschaft galt als Garant für ein schönes Baby. Und ledige Mädchen legten einen Apfel unter das Kopfkissen, damit ihnen im Traum der Zukünftige erschien. Wenn Frauen früher wissen wollten, ob ihr Geliebter treu ist, gab die Anzahl der Früchte unter dem Birnbaum Aufschluss über die Zahl der Mädchen, die ihr Verehrer in der letzten Zeit zumindest geküsst hatte. Und wussten Sie, dass, wenn der Birnbaum viele Früchte trägt, im nächsten Jahr viele Mädchen geboren werden?

*Apfel-Orakel: Nehmen Sie einen Apfel, schneiden Sie ihn horizontal in zwei Hälften und betrachten Sie das Kernhaus. Bildet das Kernhaus einen Stern, ist Ihr Vorhaben von Glück begünstigt. Ein besonders gutes Zeichen ist es, wenn die Kerne unverletzt geblieben sind*

## Politik und Physik

Selbst in der hohen Politik spielte der Apfel eine wichtige Rolle. Als Reichsapfel mit dem Kreuz wurde er zum Sinnbild der christlichen Weltherrschaft und war seit dem 12. Jahrhundert ein wichtiger Bestandteil der Reichsinsignien. In Schillers Drama wird der Apfel, den Wilhelm Tell vom Kopf seines Sohnes zu schießen hatte,

## Zur Info

### *Spaß auf sommerlichen Kinderfesten*

***Für dieses lustige Spiel brauchen Sie eine große, mit Wasser gefüllte Plastikbadewanne, viele Äpfel mit Stiel und reichlich Handtücher zum Abtrocknen.***

*Alle Äpfel werden in das Wasser gelegt, dann treten zwei Kinder gegeneinander an. Sie müssen die Äpfel mit dem Mund aus dem Wasser holen – ohne die Hände zu benutzen! Wer die meisten herausfischt hat gewonnen. Wenn alle an der Reihe waren, spielen in den folgenden Durchgängen jeweils die Gewinner der vorherigen Runde gegeneinander. Zum Schluss wird der Apfelkönig gekrönt.*

*Kunst und Design mit Äpfeln*

zum entscheidenden Auslöser, sich gegen die Tyrannei aufzulehnen.

Dagegen gab der Apfel, der im Sommer 1666 dem englischen Physiker Isaac Newton auf dem Kopf fiel, den auslösenden Impuls für die Entdeckung seiner Gravitationsgesetze. Und auch seinen Studenten demonstrierte er das Prinzip der Schwerkraft stets anhand eines fallenden Apfels.

## Apfel, Birne und die Kunst

Seit jeher ist die Liebe eine der beliebtesten Inspirationsquellen der Malerei – doch der Apfel nicht minder. Vor einigen Jahren erzielte eine Hommage für ein Apfelbäumchen von Gustav Klimt bei einer Versteigerung fast 10 Millionen Mark.

*Zahlreiche Stilleben verschiedener Maler, darunter auch Vincent van Gogh, haben Äpfel und Birnen als Motiv*

Auch zahlreiche Gedichte und Kinderlieder haben den Apfel und die Birne zum Thema. Am bekanntesten ist wohl Ludwig Uhlands (1787–1862) feinsinnige Betrachtung eines Apfelbaumes:

**Einkehr**

*Bei einem Wirte, wundermild,*
*da war ich jüngst zu Gaste.*
*Ein goldener Apfel war sein Schild,*
*an einem langen Aste.*

*Es war der gute Apfelbaum,*
*bei dem ich eingekehret.*
*Mit süßer Kost und frischem Schaum*
*hat er mich wohl genähret.*

*Es kamen in sein grünes Haus,*
*viel leicht beschwingte Gäste.*
*Sie sprangen frei und hielten Schmaus*
*und sangen auf das Beste.*

*Ich fand ein Bett zu süßer Ruh*
*auf weichen, grünen Matten.*
*Der Wirt, der deckte selbst mich zu*
*mit seinem kühlen Schatten.*

*Nun fragt' ich nach der Schuldigkeit,*
*da schüttelt er den Wipfel.*
*Gesegnet sei er allezeit*
*von der Wurzel bis zum Gipfel.*

Auch Goethe hat sich mit dem Apfel beschäftigt. „Der Gärtner" heißt das Gedicht, hier ein kurzer, aber sicher der bekannteste Ausschnitt daraus:

*„Kommt, von allerreifsten Früchten*
*mit Geschmack und Lust zu speisen.*
*Über Rosen lässt sich dichten,*
*in den Apfel muss man beißen."*

Und wer kennt nicht das Kinderlied:
*In einem kleinen Apfel,*
*da sieht es lustig aus:*
*Es sind darin fünf Stübchen,*
*grad wie in einem Haus.*
*In jedem Stübchen wohnen*
*zwei Kernchen schwarz und fein.*
*Die liegen drin und träumen*
*vom lieben Sonnenschein.*
*Sie träumen auch noch weiter*
*gar einen schönen Traum,*
*wie sie einst werden hängen*
*am lieben Weihnachtsbaum.*

Auch die Birne kommt in der Literatur nicht zu kurz. So mancher Schüler musste Theodor Fontanes „Herrn von Ribbeck auf Ribbeck im Havelland" auswendig lernen:

*Herr von Ribbeck auf Ribbeck im Havelland,*
*Ein Birnbaum in seinem Garten stand,*
*Und kam die goldene Herbsteszeit*
*Und die Birnen leuchteten weit und breit,*
*Da stopfte, wenn's Mittag vom Turme scholl,*
*Der von Ribbeck sich beide Taschen voll,*
*Und kam in Pantinen ein Junge daher,*
*So rief er: „Junge, wiste 'ne Beer?"*
*Und kam ein Mädel, so rief er: „Lütt Dirn,*
*Kumm man röwer, ick hebb 'ne Birn."*

Wenn Sie an diesem kleinen Exkurs Freude gefunden haben, sehen Sie sich einmal nach literarischen Gartenbüchlein um, die sich wunderbar an einem sonnigen Tag unter dem Obstbaum genießen lassen: „Im Garten – Betrachtungen und Gedichte" von Hermann Hesse, „Gartenlust" und „Neue Gartenlust" von Johannes Roth oder „Mit Goethe durch den Garten – ein ABC für Gartenfreunde".

## Zur Info

### *Lehrgärten mit alten und neuen Apfel- und Birnensorten*

***Zahlreiche Lehrgärten und -pfade und auch Museen informieren interessierte Besucher über Obstbau, Kultur, Pflege und Sorten.***

*Hier finden Sie einige interessante Schaugärten mit Kontaktadressen im Überblick:*

- *Obstlehrgarten OGV Bünzwangen: H. Krapf, OGV Bünzwangen, Tel. (0 71 63) 61 96*
- *Streuobstlehrpfad Erlaheim, Markus Zehnder, Landratsamt Zollernalbkreis, Hirschbergstraße 29, 72334 Balingen, Tel. (0 74 33) 92 13 40*
- *Obstlehrgarten Freistett, Lothar Strack, Hauptstraße 21, 77866 Rheinau-Freistett, Tel. (0 78 44) 79 02*
- *Obstlehrpfad Grassau, Gemeinde Grassau, Marktstraße 1, 83224 Grassau, Tel. (0 86 41) 40 08 0*
- *Obstlehrgarten Harthausen, Walter Jetter, Berghof 1, 70794 Filderstadt-Harthausen, Tel. (0 71 85) 39 05*
- *Streuobstlehrpfad Hausen, Gemeinde Hausen, Fladunger Straße 1, 97647 Hausen/Rhön, Tel. (0 97 78) 91 91 0*
- *Immenstaader Apfelweg: Gemeinde Immenstaad, Dr.-Zimmermann-Straße 1, 88090 Immenstaad, Tel. (0 75 45) 20 11 10*
- *Obstmuseum Gut Leidenhausen, 51147 Köln Porz-Eil, Tel. (0 22 03) 3 99 87*
- *Zweisprachiger Obstlehrpfad OGV Ottersdorf, Francis Moog, Waldstraße 6, 76437 Rastatt, Tel. (0 72 22) 2 48 56*
- *Kreislehrgarten Steinfurt, Wemhöferstiege 33, 48565 Steinfurt, Tel. (0 25 51) 83 33 88*
- *Südtiroler Obstbaumuseum, I–39011 Lana, Tel. +39 (0)473 56 43 87*
- *Unterer Frickhof Mostbirnen-Sortengarten: T. Hepperle, Brunnenstraße 2A, 88662 Überlingen, Tel. (0 75 51) 6 38 01*
- *Schaugarten der Bayerischen Landesanstalt für Wein- und Gartenbau Veitshöchheim, Bayerische Gartenakademie, An der Steige 15, 97209 Veitshöchheim, Tel. (09 31) 9 80 11 40*
- *Schaugarten der staatlichen Versuchsanstalt Weihenstephan, Am Staudengarten 9, 85350 Freising, Tel. (0 81 61) 7140*
- *Obstmuseum Winderatt, Waldweg 2, 24966 Winderatt, Tel. (0 46 35) 2745*

# Sorten und Anbau

# Sorten und Anbau

# Äpfel und Birnen im Garten

***Die Freude am Obstanbau im eigenen Garten fängt mit der richtigen Sortenwahl an. Die Bestseller der Supermärkte wie 'Golden Delicious', 'Jonagold' und 'Elstar' lassen sich mit entsprechenden Pflanzenschutzmaßnahmen zwar auch im Hausgarten anbauen, aber gerade im eigenen Garten ist der Einsatz von chemischen Pflanzenschutzmitteln unerwünscht.***

*Achten Sie bei der Auswahl auf robuste bzw. resistente Apfel- und Birnensorten. So vermeiden Sie spätere Enttäuschungen*



Unsere heutigen Gärten in den Neubausiedlungen bieten häufig nur wenig Platz für Obstbäume. Gerade deshalb ist die sorgfältige Auswahl geeigneter Apfel- und Birnensorten wichtig. Nahezu allen Standardsorten im Erwerbsanbau machen mehr oder weniger stark die Pilzkrankheiten Schorf und Mehltau zu schaffen. Sie verlangen einen umfassenden Pflanzenschutz, sofern man an den Bäumen Freude haben will. Auch die als robust geltenden alten Apfel- und Birnensorten benötigen in den ersten Jahren meist einen hohen Pflegeaufwand, bis die Alterstoleranz gegenüber Schaderregern erreicht ist. Zwar sind die alten Sorten meist auf starkwüchsigen Sämlingsunterlagen veredelt, die in der Regel unempfindlich gegen schlechte Bodenbedingungen sowie gegen Krankheiten und Schädlinge sind. Doch fehlt für so große Bäume in unseren kleinen Hausgärten oft der Platz.

## ■ Schorf – das Hauptproblem

Eine Alternative sind resistente Sorten auf schwachwüchsigen Unterlagen. Doch muss gleich einer Illusion vorgebeugt werden. Resistente Sorten sind nicht gegen alle Krankheiten und Schädlinge resistent, sondern meistens nur gegen Schorf.

Diese Pilzkrankheit ist weltweit im Kernobstanbau gefürchtet. Damit Bäume, die nicht schorfresistent sind, gesund bleiben, sind je nach Standort und Witterung 10 bis 20 termingerechte Fungizidspritzungen notwendig. *Venturia inaequalis,* so der wissenschaftliche Name des Übeltäters bei Äpfeln, überwintert im abgefallenen Laub. Im Frühjahr bildet er geschlechtliche Sporen, die so genannten Ascosporen, die mit dem Wind und dem Regen auf die jungen Apfelblätter gelangen, dort auskeimen und enorme Mengen von ungeschlechtlichen Sporen produzieren. Diese winzigen, nur unter dem Mikroskop sichtbaren Konidien können mit großer Geschwindigkeit den ganzen Baum befallen – Früchte, Blätter und Triebe. Ohne chemischen Pflanzenschutz machen sie nicht nur die Ernte zunichte, sie schwächen den ganzen Baum.

Das genetische Potenzial der Resistenz gegen Schorf sowie gegen Mehltau stammt ursprünglich aus kleinfrüchtigen Wildäpfeln. Es gibt etwa 35 Wildapfelformen mit den verschiedensten Resistenzen. *Malus floribunda* und die Sorte 'Antonovka' sind

*Der Apfelschorf befällt Früchte und Blätter*

zum Beispiel gegen Schorf resistent, gegen Mehltau der Wildapfel *Malus zumi* und gegen Feuerbrand beispielsweise *Malus robusta* und *Malus sublobata*. Durch viele Rückkreuzungen mit großfrüchtigen Kultursorten wurden resistente Ertragssorten mit guten Fruchtqualitäten erzielt.

Die traditionelle Züchtung von neuen Apfelsorten ist ein sehr langwieriges Geschäft. Von der ersten Kreuzung über die Prüfungen im Gewächshaus, im Freiland auf verschiedenen Unterlagen und mehreren Standorten bis zur Marktreife einer Sorte vergehen an die 20 Jahre.

## Sortenbewertung

### ▶ Äpfel

Wer bereits im August reife Äpfel ernten will, sollte die schorfresistenten Frühsorten 'Nela' und 'Retina' pflanzen.

*'Nela' ist eine gegen Schorf resistente Frühsorte*

**Nela**, von Prof. Tupy am Institut für experimentelle Botanik in Prag aus den Sorten 'Prima' und 'Krasava' gekreuzt, ist eine schorfresistente ertragreiche Frühsorte, die es Anfang August zu ernten gilt. Die grünlichgelben Früchte mit der leuchtend rot geflammten Deckfarbe sind unmittelbar nach dem Pflücken genussreif. Bemerkenswert für eine Frühsorte ist das sehr gute Nachlagerungsverhalten (shelf-life). 'Nela' kann gut vier Wochen kühl gelagert werden, ohne dass sie viel von ihrem guten Geschmack, ihrer Festigkeit und Saftigkeit einbüßt. Der Baum garniert gleichmäßig gut, hat einen schönen Habitus und ist neben der Schorfresistenz auch wenig anfällig für Mehltau.

*Garniert ein Baum gut, bildet er viel kurzes Fruchtholz an den Seitenästen*

**Retina** stammt vom Institut für Obstzüchtung der Bundesanstalt für Züchtungsforschung an Kulturpflanzen in Dresden-Pillnitz. 'Retina' ist eine dunkelrote, großfrüchtige, gut schmeckende Frühsorte, die Mitte bis Ende August reif ist. Am besten verzehrt man sie frisch vom Baum, da sie geschmacklich schnell abbaut. Sie entstammt einer Kreuzung zwischen

*Am Institut für Obstzüchtung der Bundesanstalt für Züchtungsforschung an Kulturpflanzen in Dresden-Pillnitz wurden zahlreiche resistente Sorten gezüchtet, die so genannten „Re-Sorten". Dabei steht die Namensvorsilbe „Re" für „resistent gegen Apfelschorf"*

*Die dunkelrote 'Retina' reift bereits im August*

'Apollo' ('Cox' × 'Oldenburg') und einer Hybride von dem Wildapfel *Malus floribunda.*

## Zur Info

### Pflückreife gleich Genussreife?

***Nicht jeder Apfel schmeckt sofort nach der Ernte.***

*Bei den Frühsorten besteht kein Unterschied zwischen Pflück- und Genussreife.*

*So schmecken beispielsweise die Sorten 'Nela', 'Retina' und 'Reglindis' bereits direkt vom Baum. Andere Sorten, vor allem die sehr spät reifenden wie 'Resista' und 'GoldRush', entfalten ihr volles Aroma dagegen erst nach einer gewissen Lagerzeit.*

Hier einige Sorten, die Anfang bis Mitte September reifen.

**Gerlinde:** Ein Elternteil dieser Anfang September reifenden, ertragreichen Apfelsorte aus Ahrensburg ist unverkennbar die Sorte 'Elstar'. Die Schorfresistenz steuerte der ruhmlose Elternteil mit der Bezeichnung 'TSR 15T3' bei. Die Züchterin Hanna Schmidt ist allerdings etwas unzufrieden mit dem Wuchs ihrer Sorte. Charakteristisch sind die mittelstark bis stark verkahlenden, langen Fruchtäste, die unbedingt einzukürzen sind. Aber die guten geschmacklichen Eigenschaften der grünlich-gelben Früchte mit der gestreiften bis flächig roten Deckfarbe wiegen diesen kleinen Nachteil bei weitem auf.

*Ist eine Resistenz nicht monogen, das heißt nur auf einem Gen verankert, sondern verteilt auf mehrere Gene (polygen), kann sie nur sehr schwer vom Schaderreger „geknackt" werden und ist damit langfristiger wirksam*

**Reglindis,** eine weitere „Re-Sorte" aus Dresden-Pillnitz, ist resistent gegen Schorf und Rote Spinne und nur wenig anfällig gegen Mehltau und Feuerbrand. Die Eltern dieser Sorte sind 'James Grieve' und ein Nachkomme von 'Antonovka'. Erwähnenswert ist, dass die Schorfresistenz von 'Antonowka' nicht auf der monogenen Grundlage von *Malus floribunda* beruht, sondern polygen verankert ist. 'Reglindis' reift Anfang September, ist kaum lagerfähig und sollte daher am besten frisch vom Baum verzehrt werden. Sie ist kaum anfällig für Mehltau und macht insgesamt einen sehr gesunden und vitalen Eindruck.

*Die vitale Sorte 'Reglindis' ist wenig krankheitsanfällig*

### Apfel: Wuchs- und Sorteneigenschaften im Überblick (sortiert nach Reifezeitpunkt)

| Sorte | Blüte | Wuchs | Reifezeit | Ertrag | Lagerfähig |
|---|---|---|---|---|---|
| Nela | Früh | Mittelstark, gute Garnierung, schöner Habitus | Anfang August | Mittel bis hoch | Nein |
| Retina | Früh | Gute Garnierung, regelmäßig verzweigt, unproblematischer Wuchscharakter | Mitte bis Ende August | Mittel | Nein |
| James Grieve | Mittelfrüh | Anfänglich mittelstark, danach schwach, kurznodige Langtriebe | Ende August | Mittel bis hoch | Nein |
| Gerlinde | Mittelfrüh | Mittelstark, lange Fruchtäste, verkahlend, „schlappiger" Wuchs | Anfang September | Mittel | Nein |
| Reglindis | Mittelfrüh | Mittelstark, gute Garnierung, kurze Fruchtäste | Anfang September | Hoch | Nein |
| Rubinola | Mittelfrüh | Sehr stark, langes, verkahlendes Fruchtholz | Anfang bis Mitte September | Mittel | Ja |
| Resi | Mittelspät | Schwach, dünnes Fruchtholz, lockerer Aufbau | Mitte September | Hoch | Ja |
| Rosana | Mittelspät | Mittelstark, kurzes Fruchtholz | Mitte September | Mittel bis hoch | Ja |
| Ariwa | Spät | Mittelstark, lange dünne Triebe | Ende August | Mittel bis hoch | Ja |
| Topaz | Mittelspät | Mittelstark, gute Garnierung, flacher Astabgangswinkel | Ende September | Mittel bis hoch | Ja |
| Rajka | Mittelfrüh | Mittelstark, dicktriebig, dicht verzweigt | Ende September | Hoch | Ja |
| Boskoop | Mittelfrüh | Stark, flacher Astabgangswinkel | Ende September | Mittel | Ja |
| Berlepsch | Mittelspät | Stark, schräg aufrechte Seitentriebe | Ende September | Mittel | Ja |
| Otava | Mittelspät | Schwach, gute Garnierung, dünnes, hängendes Fruchtholz | Anfang Oktober | Mittel | Ja |
| Enterprise | Spät | Mittelstark, wenig verzweigt, verkahlendes Fruchtholz | Anfang bis Mitte Oktober | Mittel | Ja |
| Resista | Spät | Stark, steile Seitentriebe, verkahlend, problematischer Wuchscharakter | Mitte Oktober | Mittel | Ja |
| GoldRush | Spät | Mittelstark, sehr gute Garnierung, „Bilderbuchbaum" | Ende Oktober/ Anfang November | Hoch | Ja |

'Rubinola' zeigt ein schönes Rot und enthält viel Vitamin C

**Rubinola**, eine weitere Neuzüchtung vom Institut für experimentelle Botanik in Prag, bringt zwar keine hohen Erträge, ist geschmacklich aber die beste schorfresistente Sorte mit einem hohen Vitamin-C-Gehalt. Die einzeln hängenden, roten Früchte sind Anfang bis Mitte September reif und im Kühllager bis Februar haltbar. Aufgrund des starken Wuchses und dem langen, stark verkahlenden Fruchtholz ist die Unterlage M 27 empfehlenswert. 'Rubinola' ist kaum anfällig für Mehltau und Schaderreger.

## Zur Info

### *Eine gute Unterlage*

***Apfel und Birne lassen sich nicht auf eigener Wurzel vermehren. Sie werden vegetativ auf einem Wurzelstock, einer so genannten Unterlage, vermehrt.***

*Die Wahl der Unterlage richtet sich nach der Sorte, der Erziehungsform und den Bodenverhältnissen. In Hausgärten mit nur wenig Platz und mit der Wahl der schlanken Spindel als Erziehungsform sind für den Apfel die schwach wachsenden Unterlagen M27, M9 und M26 und für die Birne die Unterlagen Quitte A und C geeignet.*

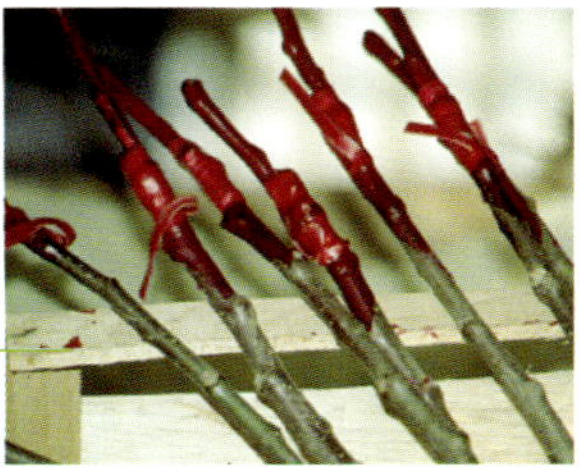

*Auf der Unterlage M9 veredelte Pflanzen*

**Resi**, der schorfresistente Kinderapfel, ist klein, rot, knackig und zuckersüß. Wie alle Re-Sorten stammt auch 'Resi' vom Institut für Obstzüchtung der Bundesanstalt für Züchtungsforschung in Dresden-Pillnitz. Die Kreuzungspartner sind 'Clivia' und ein schorfresistenter Zuchtstamm mit der *Malus-floribunda*-Resistenz. Die Erträge sind hoch, früh einsetzend und regelmäßig. Geerntet werden die Früchte Mitte September, einige Tage vor 'Elstar'. 'Resi' wird kaum von Mehltau und Bakterienbrand befallen und auch Blattläuse meiden diese Sorte.

'Resi' reift im September

**Rosana:** Als Kreuzungspartner dieser Anfang bis Mitte September reifenden Sorte wurden von Prof. Tupy aus Prag die Sorten 'Jolana' und 'Lord Lambourne' ausgewählt. 'Rosana' ist schorfresistent, gering anfällig gegen Mehltau und hat jedes Jahr einen

gleichmäßig guten Fruchtbehang. Die dunkelrot gestreiften, flach gebauten Früchte sind sehr saftig, haben ein feinzelliges Fruchtfleisch, aber eine grobe Schale. Sie sind säuerlich im Geschmack und haben einen hohen Vitamin-C-Gehalt.

Folgende Sorten können Sie Ende September bis Ende Oktober ernten:

**Ariwa,** eine vielversprechende Neuzüchtung der Eidgenössischen Forschungsanstalt Wädenswil/Schweiz, ist nicht nur gegen Schorf, sondern auch gegen Mehltau resistent. Die grünlich-gelben Früchte mit der hellrot gemaserten Deckfarbe sind saftig und knackig, überzeugen im Geschmack und lassen sich lange lagern. Der Behang kann sehr reichlich sein, sodass es ratsam ist, etliche Früchte Mitte Juni zu entfernen, sonst fällt die Ernte im kommenden Jahr sehr gering aus (Alternanz). 'Ariwa' ist Ende September bis Anfang Oktober pflückreif und kann bis März im Kühllager gelagert werden.

*Als Alternanz bezeichnet man den Wechsel von Jahr zu Jahr zwischen hohem und niedrigem Fruchtbehang*

*'Rosana' bringt gleichmäßigen Ertrag*

*„Shelf-life" kommt aus dem Englischen und wird mit dem Begriff „Nachlagerungsverhalten" nicht ganz passend übersetzt. Es beschreibt die Verweildauer des Apfels oder der Birne in der Obstschale des Verbrauchers. Ist das Obst auch nach zehn Tagen noch knackig und saftig, dann haben die Früchte ein gutes „shelf-life"*

**Topaz:** Zu den besten schorfresistenten Sorten zählt die Neuzüchtung 'Topaz', die wie die Sorten 'Nela' und 'Rubinola' aus Prag vom Institut für experimentelle Botanik stammen. Als einzige schorfresistente Sorte hat 'Topaz' auch im Erwerbsanbau eine gewisse Bedeutung erlangt. Pflückreif sind die grünlich-gelben Früchte mit der orangeroten bis dunkelroten streifigen Deckfarbe Ende September. Die Erträge setzen früh ein, sind dann hoch und regelmäßig. Bemerkenswert ist die gute Lagerfähigkeit – im Kühllager bis Ende März – und das hervorragende shelf-life von 'Topaz'. Rundherum in allen Merkmalen eine sehr gute Sorte, die für den Hausgarten wie auch für den Intensivobstbau geeignet ist.

*Die Sorte 'Topaz' lässt sich gut lagern*

## Apfel: Fruchteigenschaften im Überblick (Durchschnittswerte von mehreren Jahren)

| Sorte | Form | Farbe | Zucker (°Oe) | Säure (g/l) | Vitamin C (mg/l) | Saft (%) |
|---|---|---|---|---|---|---|
| Nela | Klein bis mittelgroß, stumpf kegelförmig | Grünlichgelbe Grundfarbe, leuchtend rot geflammte Deckfarbe | 51 | 11,7 | 29,3 | 51,3 |
| Retina | Mittel bis groß, hoch gebaut | Gelbgrün mit flächig dunkelroter Deckfarbe | 54 | 7,7 | – | 38,3 |
| James Grieve | Mittelgroß, kugelig, mittelbauchig | Gelbgrün mit orange bis bräunlichroter Deckfarbe | 50 | 8,2 | – | – |
| Gerlinde | Klein bis mittelgroß | Grünlichgelb mit gestreifter bis flächig roter Deckfarbe | 54 | 11,2 | – | 49,7 |
| Reglindis | Klein bis mittelgroß, mittelhoch gebaut | Hellgelb mit hellrot gemaserter Deckfarbe | 57 | 7,3 | 17 | 51,6 |
| Rubinola | Mittelgroß, flach gebaut | Gelb mit leuchtend rot gestreifter Deckfarbe | 53 | 6,3 | – | 51,6 |
| Resi | Klein, kugelförmig | Gelbgrüne Grundfarbe, aber fast vollständig hellpurpurrot gestreift | 55 | 8,2 | 16,7 | 51,4 |
| Rosana | Mittelgroß, abgeplattet kugelförmig | Grünlichgelb mit dunkelrot gestreifter Deckfarbe | 51 | 11,6 | 59 | 59,6 |
| Ariwa | Klein bis mittelgroß, unregelmäßig geformt | Grünlichgelb mit hellrot gemaserter Deckfarbe | – | – | – | – |
| Topaz | Mittelgroß, flach gebaut | Grünlichgelb mit orangerot bis rot gestreifter Deckfarbe | 60 | 11,2 | 87,3 | 59,4 |
| Rajka | Mittelgroß, kugelig, mittelbauchig | Grünlichgelb mit dunkelrot gemaserter Deckfarbe | 59 | 8,6 | 55 | 54,4 |
| Boskoop | Groß, mittelbauchig | Grün mit sonnenseits dunkelroter Backe, rauschalig | 63 | 12 | – | – |
| Berlepsch | Klein bis mittelgroß, kugelig | Grünlichgelb mit kräftig dunkelroter Deckfarbe, leichter Blaustich | 53 | 8,8 | – | – |
| Otava | Mittelgroß, kugelförmig abgeplattet | Gelbgrün bis blassgelb, Sonnenfrüchte mit hellroter Backe | 60 | 11,2 | 113,7 | 55,1 |
| Enterprise | Mittelgroß, kugelförmig | Grünlichgelbe Grundfarbe, aber nahezu intensiv tiefrot gefärbt | 61 | 8,7 | – | 54,5 |
| Resista | Mittelgroß, hoch gebaut | Gelbgrün, Sonnenfrüchte mit orangeroter Backe | 61 | 7,6 | 44,7 | 57,4 |
| GoldRush | Klein bis mittelgroß | Grünlichgelb bis gelb, Sonnenfrüchte mit orangeroter Backe | 62 | 8,8 | 79,7 | 57,3 |

*'Enterprise' ist robust und ein guter Lagerapfel*

**Enterprise:** Wie 'GoldRush' stammt Enterprise von der Universität Illinois aus den USA. 'COOP 30', so seine frühere Bezeichnung, ist schorfresistent, gering anfällig für Mehltau und hoch robust gegenüber Feuerbrand. Die großen, dunkel purpurfarbenen Früchte sind Ende September reif, zeitgleich mit 'Golden Delicious', können aber problemlos bis Ende März im Kühllager gelagert werden. Typisch für diesen McIntosh-Abkömmling ist die stark bereifte Fruchtoberfläche.

**Rajka**, eine weitere Neuzüchtung aus dem Institut für experimentelle Botanik in Prag, ist schorfresistent und gering anfällig für Mehltau. Die dunkelrot gemaserten Früchte sind Ende September reif und auch unmittelbar nach der Ernte genussreif. Der Ertrag setzt früh ein, aber auch hier besteht wie bei der schweizerischen Sorte 'Ariwa' die Gefahr der Alternanz. Charakteristisch für 'Rajka' ist ihr sparriger Wuchs mit den dichten Verzweigungen und dem sehr gesunden, grünen Laub.

*'Rajka' bringt frühen Ertrag*

**Otava** ist eine schorfresistente Lagersorte mit gelbgrünen Früchten, die angenehm feinsäuerlich und aromatisch schmecken und viel Vitamin C enthalten. Die Sonnenfrüchte sind etwas verwaschen hellrot gefärbt. Auch diese Kreuzung aus 'Shampion' × 'Jolana' stammt aus Prag von Prof. Tupy. Schon in jungen Jahren trägt die Sorte reiche Erträge. Bei zu starkem Behang muss Mitte Juni ein Teil der Früchte entfernt werden (Ausdünnen!), da sonst die Früchte zu klein bleiben und schlecht ausfärben. Geerntet wird Ende September bis Anfang Oktober kurz vor 'Golden Delicious'. 'Otava' ist zwar schorfresistent, aber mittelstark bis stark anfällig gegen Mehltau und Läuse.

*Von der Sonne verwöhnte Früchte sind im Vergleich zu Schattenfrüchten, die im Inneren des Baumes hängen, noch reicher an wertvollen Inhaltsstoffen*

## Zur Info

### Ausdünnen

***Bei zu starkem Fruchtbehang muss regulierend eingegriffen werden. Die beste Zeit hierfür ist nach dem natürlichen Fruchtfall im Juni.***

*Ein Teil der Früchte wird entfernt (ausgedünnt), vorzugsweise kleine, schlecht entwickelte Früchte. Dadurch wird der Baum entlastet und die restlichen Früchte können sich gut entwickeln. Der Baum ist dadurch auch in der Lage, genügend Blütenknospen für das kommende Jahr anzulegen. Wird bei zu starkem Behang nicht ausgedünnt, trägt der Baum im Folgejahr kaum Früchte. Man nennt dies auch Alternanz, in Bezug auf den Wechsel zwischen hohem und niedrigem Fruchtbehang.*

*Die Sorte 'Resista' ist besonders wohlschmeckend*

**Resista** fängt zwar mit „Re" an und ist auch schorfresistent, stammt aber nicht aus Dresden-Pillnitz, sondern vom Forschungsinstitut für Obstbau und Züchtung Holovousy in Tschechien. Die Erträge der gelbgrünen, gut schmeckenden Früchte sind mittel bis hoch, setzen früh ein und alternieren kaum. Geerntet wird Mitte Oktober. 'Resista' ist sehr robust gegenüber Holzfrösten, ist aber mittel bis hoch anfällig für Mehltau und hat einen schlechten Wuchscharakter: Der Baum wächst stark, die Seitenäste wachsen steil, kippen später unter der Last der Früchte auseinander und der Baum verkahlt. Dennoch ist 'Resista' eine interessante wohlschmeckende Neuzüchtung für den Hausgarten.

*Von Verkahlen spricht man dann, wenn keine neuen Seitentriebe an den Ästen gebildet werden*

**GoldRush:** „Eine Apfelsorte für Euch Europäer", so lautete das Urteil des Züchters. „Ihr liebt ein ausgewogenes Zucker-Säure-Verhältnis, wir Amerikaner bevorzugen sehr süße, aromatische Äpfel." 'GoldRush', eine Kreuzung der Universität Illinois/USA aus 'Golden Delicious' und dem Resistenzträger 'COOP 17' ist eine sehr spät reifende Lagersorte, die nur für ausgesprochen warme Standorte geeignet ist. Die Ernte erfolgt Ende Oktober. Die Früchte zeichnen sich durch hervorragenden Geschmack, knackiges Fruchtfleisch und sehr gutes Nachlagerungsverhalten (shelf-life) aus. Es empfiehlt sich, bei sehr starkem Behang einen Teil der Früchte zu entfernen. So wird gewährleistet, dass sich die restlichen Früchte gut entwickeln, der Baum sich nicht erschöpft und auch im nächsten Jahr Äpfel trägt.

*'Gold Rush' reift spät*

Und hier noch ein paar „Klassiker" unter den Apfelsorten:

**James Grieve**, ein Zufallssämling aus Schottland, kam 1890 in den Handel und ist sowohl für den Erwerbsanbau

'James Grieve' genießt man am besten frisch

als auch für den Hausgarten interessant. Die Erträge setzen früh ein, sind hoch und regelmäßig. Geerntet wird Ende August. Weitere Pluspunkte von 'James Grieve': Die Sorte ist gering anfällig gegen Schorf und Mehltau und hat einen guten Geschmack. Die Früchte sollten aber möglichst bald nach der Ernte verzehrt werden, da die Saftigkeit des Fruchtfleisches rasch abnimmt.

**Boskoop:** Als Zufallssämling um 1850 in Boskoop nahe Gouda in den Niederlanden entdeckt. Besonders bewährt hat sich die Mutante 'Roter Boskoop' mit einer intensiv flächig ausgeprägten roten Deckfarbe. Typisch für die Früchte ist die mehr oder weniger starke Berostungsneigung der Früchte. 'Boskoop' ist schorfrobust und wenig anfällig für Mehltau. Weitere Vorzüge von 'Boskoop' liegen in der vielseitigen Verwendbarkeit als Tafel- und Backapfel sowie zur Saftgewinnung und zum Brennen von Obstwasser aufgrund seiner hohen Gehalte an Zucker und Säuren.

**Berlepsch:** Der vollständige Sortenname ist 'Goldrenette Freiherr von Berlepsch'. Hervorgegangen um 1880 aus einer Kreuzung zwischen 'Ananas' und 'Ribston Pepping' und nach dem damaligen Regierungspräsidenten in Düsseldorf benannt. Im Anbau ist die bewährte Mutante 'Roter Berlepsch'. Die runde, rote Frucht besticht mit ihrem aromatischen, weinwürzigen, säuerlichen Geschmack. 'Berlepsch' ist gering anfällig für Schorf und Mehltau, liebt aber wärmere Lagen aufgrund ihrer Frostempfindlichkeit.

Die Apfelsorte 'Roter Berlepsch' ist attraktiv und schmeckt würzig

### Apfel: Widerstandsfähigkeit

| Sorte | Resistent gegen | | | |
|---|---|---|---|---|
| | Apfelschorf | Mehltau | Feuerbrand | Holz-/ Blütenfrost |
| Nela | r | x | | |
| Retina | r | x | x | x |
| James Grieve | x | x | | |
| Gerlinde | r | | | x |
| Reglindis | r | x | | |
| Rubinola | r | x | | x |
| Resi | r | | x | |
| Rosana | r | x | | |
| Ariwa | r | r | x | |
| Topaz | r | x | | |
| Rajka | r | x | | |
| Boskoop | x | | | |
| Berlepsch | x | x | | |
| Otava | r | | | x |
| Enterprise | r | x | x | |
| Resista | r | x | | x |
| GoldRush | r | | x | |

r = resistent, x = gering anfällig

## Birnen

**Trévoux**, auch 'Frühe von Trévoux' genannt, ist ein Zufallssämling, der von einem französischen Obstbauern um 1860 in der Nähe von Lyon gezogen wurde. Sie ist eine wohlschmeckende Sommerbirne, die am besten frisch vom Baum schmeckt. Geerntet werden die gelblichgrünen, sonnenseits meist orange geflammten Früchte Anfang August. Mitte der 1950er Jahre wurde in den Niederlanden eine wertvolle Mutante entdeckt, 'Supertrévoux'. Diese Mutante unterscheidet sich vor allem im Wuchs von der Standardsorte: Sie hat gestauchte, kurznodige Langtriebe mit größeren, fast glockenförmigen Früchten.

*Nodien sind die Stellen, an denen am einjährigen Trieb die Blätter austreiben. Kurznodige Triebe haben kurze Abstände von Blatt zu Blatt*

**Harrow Delight**, eine Neuzüchtung aus dem Harrow Research Center in Kanada, ist eine sehr robuste und feuerbrandresistente Frühsorte mit gutem Geschmack. Die mittelgroßen, typisch birnenförmigen Früchte mit sonnenseits karminroter Deckfarbe sind Anfang August reif. Pflückreife und Genussreife sind hier, wie bei den frühen Apfelsorten, identisch. Der Erträge setzen früh ein und sind regelmäßig. 'Harrow Delight' ist eine ideale Birnensorte für den Hausgarten, da sie nicht nur feuerbrandresistent ist, sondern auch gering anfällig für Birnenschorf und Birnengitterrost.

*'Harrow Delight' ist eine robuste Frühsorte*

### Zur Info

**Grundfarbe– Deckfarbe**

***Die Ausfärbung erfolgt während der Reifungsphase der Früchte.***
*Durch den Chlorophyllabbau während der Reifung verschwindet nach und nach die Grünfärbung. Die Grundfarbe wechselt zu gelb. Die während der Reife entstehenden Anthozyane sind für die rote Deckfarbe verantwortlich, die durch den Umschlag der Grundfarbe von grün nach gelb noch an Leuchtkraft gewinnt.*

**Benita** ist das Ergebnis einer Kreuzung aus der aromatischen Europäerbirne 'Général Leclerc' mit der saftigen Asienbirne 'Hosui' (einer Nashi-Sorte). Die kleinen bis mittelgroßen, goldgelben, leicht berosteten, fassförmigen Früchte sind Anfang bis Mitte August pflück- und genussreif. 'Benita' ist saftig, im Aroma aber deutlich besser als die Elternsorte. Die Erträge sind sehr hoch. Eine Fruchtausdünnung bei hohem Behang zur

**Birne: Wuchs- und Sorteneigenschaften im Überblick (sortiert nach Reifezeitpunkt)**

| Sorte | Blüte | Wuchs | Reifezeit | Ertrag | Lagerfähig |
|---|---|---|---|---|---|
| Trévoux | Mittelfrüh | Mittelstark, aufrecht, mit leicht hängenden Seitenästen | Anfang August | Hoch | Nein |
| Harrow Delight | Mittelfrüh | Sehr schwach, gut verzweigt, tendiert zu steilem Wuchs | Anfang August | Mittelhoch | Nein |
| Benita | Mittelfrüh | Stark, gute Garnierung, mittebetont | Mitte August | Hoch bis sehr hoch | Ja |
| Harrow Sweet | Mittelspät | Schwach, gute Verzweigung mit weitwinkligen Astabgängen | Ende September | Sehr hoch | Ja |
| Gellert | Mittelspät | Stark, mittebetont mit schwach verzweigten Leitästen | Ende September | Mittelhoch | Ja |
| Alexander Lucas | Mittelfrüh | Zunächst stark, später schwächer, hochpyramidaler Wuchs | Mitte Oktober | Hoch | Ja |

*Vorsicht beim Reinbeißen – wie alle Nashi-Birnen ist 'Benita' ausgesprochen saftig!*

Verbesserung der Fruchtgröße und zur Vermeidung von Alternanz ist ratsam. 'Benita' wird kaum von Schorf und Birnengitterrost befallen.

**Harrow Sweet**, eine weitere Neuzüchtung aus Kanada mit den gleichen Eltern wie 'Harrow Delight', ist feuerbrandresistent, aber anfällig für Birnenschorf. Die kleinen bis mittelgroßen Früchte haben keine ausgeprägte Taille, sondern sind eher kegel- als birnenförmig und reifen Mitte bis Ende September. Die neue Sorte überzeugt geschmacklich: sie ist saftig süß und zergeht schmelzend auf der Zunge. 'Harrow Sweet' ist ein trägt Jahr für Jahr viele Früchte und muss daher zwingend ausgedünnt werden.

**Gellert oder Gellerts**: Der vollständige Name ist 'Gellerts Butterbirne', in Frankreich unter dem Namen 'Beurre Hardy' (übersetzt Hardys Butterbirne) bekannt. Anfang des 19. Jahrhunderts wurde sie als Zufallssämling im französischen Bologne-sur-Mer entdeckt, nach dem damals sehr bekannten Pariser Obstbaupro-

'Gellert' stammt wie viele unserer heute verbreiteten Birnensorten aus Frankreich. Sie wurden dort im 19. Jahrhundert entdeckt

fessor Hardy getauft und in Deutschland fälschlich nach dem Dichter Gellert neu benannt. Diese Mitte September reifende Birne ist erfrischend und schmeckt säuerlich-süß, aromatisch, sehr saftig mit einem Fruchtfleisch, das auf der Zunge zergeht.

**Alexander Lucas** wurde 1870 in der Nähe von Blois im Loire-Tal als Zufallssämling entdeckt. Dank ihrer bemerkenswerten ökologischen Anpassungsfähigkeit ist diese Winterbirne weit verbreitet. Selbst in rauen Höhenlagen enttäuscht sie nicht. Geerntet werden die großen Früchte, die mit zunehmender Reife leuchtend gelb werden, Anfang Oktober – in Weinbauklimaten – bis Ende Oktober – in Höhenlagen. Leider ist 'Alexander Lucas' an feuchtwarmen Standorten anfällig für Birnenschorf und Birnengitterrost.

'Alexander Lucas'

### Birne: Fruchteigenschaften im Überblick

| Sorte | Form | Farbe |
|---|---|---|
| Trévoux | Mittelgroß, birnen- bis glockenförmig | Gelblichgrün, sonnenseits orange bis rötlich geflammt |
| Harrow Delight | Mittelgroß, typisch birnenförmig | Grün, sonnenseits karminrote Deckfarbe |
| Benita | Klein bis mittelgroß, fassförmig | Hellgelb bis goldgelb mit feiner Berostung |
| Harrow Sweet | Klein bis mittelgroß birnen- bis kegelförmig | Grün, häufig berostet |
| Gellert | Mittelgroß bis groß, stumpfkegelig | stumpfgrün durch sortentypische feine Berostung |
| Alexander Lucas | Groß, stumpfkegelförmig | Grün, sonnenseits fleckig rötlich marmoriert |

## Pflanzen kaufen

Äpfel und Birnen können nicht generativ, das heißt mit Samen vermehrt werden. Um eine Sortenreinheit zu gewähren, werden sie von den Baumschulen vegetativ vermehrt. Ein Obstbaum besteht aus einer Unterlage, der eine Kultursorte aufveredelt wurde. Für kleine Hausgärten ist beim Apfel die schwachwachsende Standardunterlage M 9 geeignet, auf sehr kargen Standorten die Unterlage M 26, bei der Birne die Unterlage Quitte A oder C. Achten Sie beim Einkauf eines Obstbaumes neben der Sorte und

### Birne: Widerstandsfähigkeit

| Sorte | Resistent gegen Birnen-schorf | Birnen-gitterrost | Feuer-brand | Holz-, Blütenfrost |
|---|---|---|---|---|
| Trévoux | | | | x |
| Harrow Delight | x | x | r | |
| Benita | x | x | x | |
| Harrow Sweet | | | r | |
| Gellert | | | | x |
| Alexander Lucas | | | | x |

r = resistent, x =gering anfällig

der Unterlage auch auf die Qualität. Der Mehrpreis, der in der Regel dafür bezahlt werden muss, lohnt sich auf jeden Fall, denn „was Bäumchen nicht ist, wird Baum nimmermehr" – auch nicht durch intensive Pflege.

Am besten kauft man Obstgehölze bei Baumschulen, die die Bezeichnung „Anerkannte Markenbaumschule" führen. Diese Bezeichnung garantiert in der Regel hohe Qualitätsnormen wie sortenreine Veredlungen und virusfreies Pflanzmaterial. Der Baum sollte ab einer Höhe von 60 cm neben der Stammverlängerung mindestens drei bis vier ringsum gut ausgebildete Seitentriebe haben. Doch aufgepasst: die Bäume auf den oben genannten schwachwüchsigen Unterlagen benötigen zum Halt einen Pfahl oder ein Spalier. Auch vertragen sie keine Konkurrenz durch Graswuchs oder sonstige Pflanzen. Halten Sie deshalb rund um den Baum eine Bodenfläche von 40 bis 60 cm Durchmesser frei von Bewuchs.

Die Baumscheibe frei von Bewuchs halten

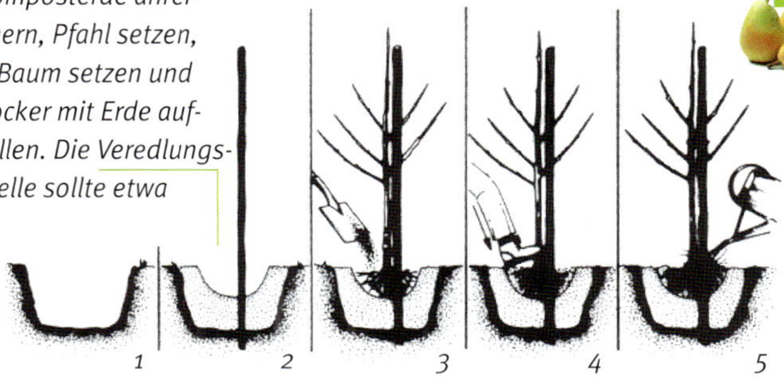


So wird ein Obstbaum gepflanzt: 1 Pflanzgrube ausheben (30 x 30 x 30 cm), 2 Lockere Erde etwa 5 cm hoch einfüllen, mit Humus oder Komposterde anreichern, Pfahl setzen, 3 Baum setzen und locker mit Erde auffüllen. Die Veredlungsstelle sollte etwa 15 cm über dem Boden sein, 4 Erde leicht andrücken, 5 Reichlich gießen, Wurzeln mit Erde einschlämmen

## Obstbäume pflanzen

Gepflanzt werden Kernobstbäume entweder im Herbst, Ende Oktober bis spätestens Mitte November, oder im Frühjahr, wenn der Boden durchgehend aufgetaut und abgetrocknet ist (etwa März). Achten Sie beim Transport der Bäume darauf, dass die Wurzeln vor dem Austrocknen durch Wind und Sonne geschützt sind.

## Zur Info

### Richtig gepflanzt ist halb geerntet

***Hier die wichtigsten Pflanztipps in Kurzform:***

- *Vor dem Pflanzen die Obstbäume mehrere Stunden wässern*
- *Pflanzgrube ausheben, Mindestmaß für Spindelbäume: Länge, Breite und Tiefe jeweils etwa 30 cm.*
- *Erde aus dem Pflanzloch mit reichlich Komposterde vermischen*
- *Den Stützpfahl vor dem Pflanzen setzen; zwischen Pfahl und Baum sollte mindestens ein Fußbreit Platz sein*
- *Hauptwurzel etwas einkürzen, verletzte oder vertrocknete Wurzeln entfernen*
- *Etwas lockere, feinkrümelige Erde in das Pflanzloch füllen, den Baum setzen und während des Einpflanzens den Baum leicht rütteln, damit die Erde gleichmäßig zwischen alle Wurzeln fällt*
- *Die Veredlungsstelle, meist als Wulst erkennbar, muss etwa 15 cm über die Erdoberfläche herausragen*
- *Boden vorsichtig fest treten und die Pflanze reichlich wässern*
- *Den Baum gut anbinden: Am besten die Schnur über Kreuz in Form einer Acht zwischen Pfahl und Baum anbringen; so entsteht ein stabiler Halt und die Schnur kann bei Wind nicht am Stamm scheuern*
- *Baumscheibe mit organischem Material, Gras- oder Rindenmulch bedecken*
- *Zum Schluss den Pflanzschnitt für die Erziehung zur schlanken Spindel durchführen: den konkurrierenden Mitteltrieb und alle Triebe bis zu einer Höhe von 50 cm entfernen, drei bis maximal vier ringsum gut verteilte, waagrecht gewachsene Trieben auswählen, die restlichen Triebe entfernen. Die Stammverlängerung um gut ein Drittel einkürzen. Die Seitenachsen nicht anschneiden!*
- *Und nun den Baum in Ruhe wachsen lassen!*

*Kompostgabe beim Baum pflanzen*

*Baum anbinden in Form einer Acht*

## Kernobst richtig schneiden

Viele Gartenbesitzer stehen immer wieder vor der Frage, wie und wann sie ihre Obstbäume schneiden sollen. Aber trösten Sie sich, auch unter den Praktikern gibt es zahlreiche Theorien und Abend füllende Diskussionen über den richtigen Obstbaumschnitt. Ich möchte Sie an dieser Stelle auf die hinten im Buch angegebene Spezialliteratur verweisen. In sehr anschaulicher Form erfahren Sie dort, aufbauend auf den wichtigsten biolo-

Senkrecht stehende Triebe werden abgeschnitten

So soll eine schlanke Spindel aussehen

gischen Grundlagen der Obstgehölze, worauf es bei den unterschiedlichen Schnittmaßnahmen ankommt. Am besten lernt man aber durch praktische Anschauung. Zahlreiche Obst- und Gartenbauvereine bieten vor dem Beginn der Gartensaison regelmäßig Schnittkurse an. Erkundigen Sie sich doch einmal bei Ihrem ortsansässigen Obst- oder Gartenbauverein und nehmen Sie an einem Kurs teil.

Was die Baumformen angeht, sind die schlanke Spindel und das Spalier an der Hauswand für kleine Hausgärten die geeignetsten Erziehungsformen.

## Schlanke Spindel

Einjährige Veredlungen mit ringsum vorzeitig ausgebildeten Seitentrieben sind die beste Ausgangsvoraussetzung für die Erziehung von schlanken Spindeln. In der Vegetationsperiode nach dem Pflanzschnitt entstehen an dem Seitenholz kräftige Seitentriebe. Beim Schnitt im Winter werden Konkurrenztriebe zur Astverlängerung und senkrechte stehende Triebe weggeschnitten. Die Stammverlängerung wird nochmals leicht zurückgenommen. Zu steile Fruchtäste werden bei Apfelbäumen nahezu waagrecht und bei Birnbäumen mit einem Astabgangswinkel von mindestens 45° mit einem Stab oder einer Latte abgespreizt.

Bei der Erziehung in den folgenden Jahren wird ähnlich verfahren.

Abspreizen von zu steilen Ästen

Achten Sie darauf, dass der Baum seine Pyramidenform behält, damit der untere Kronenteil genauso gut belichtet wird wie die oberen Kronenpartien. Gegebenenfalls müssen im oberen Bereich starke Seitentriebe entfernt werden. Es verbleiben nur kurze schwache Fruchthölzer. Ist die gewünschte Höhe erreicht, wird die Stammverlängerung auf einen zweijährigen Seitenast abgeleitet.

Ist die Krone aufgebaut und der Baum in der Vollertragsphase, konzentrieren Sie sich auf folgende Schnitteingriffe: Schneiden Sie stark hängende Triebe auf waagrecht stehende zurück, lichten Sie zu dicht wachsende Trieben aus und entfernen Sie steil aufrecht wachsende Triebe sowie altes abgetragenes Fruchtholz.

*Hängen Äste stark nach unten, bilden sich oberseits, meist am Scheitelpunkt des Bogens, neue Triebe. Das stark hängende Holz wird auf einen dieser Triebe, wenn möglich einen waagrechten Trieb, zurückgeschnitten*

*Schlanke Spindel in Idealform*

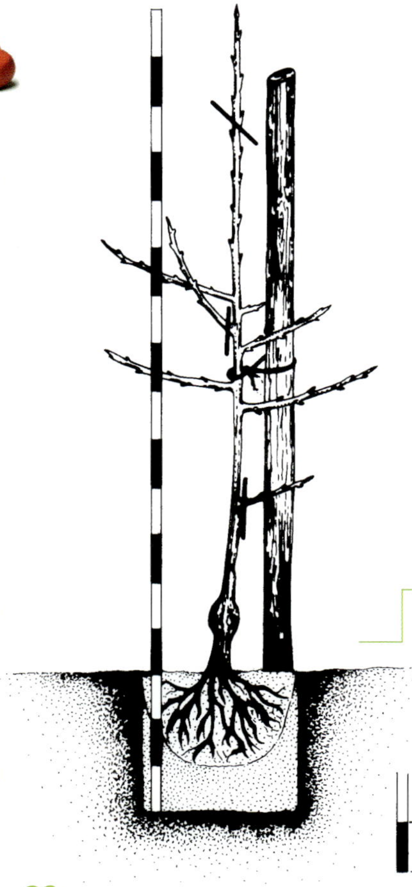

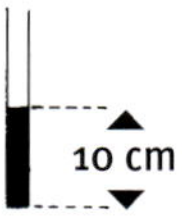


*Beim Pflanzschnitt für die schlanke Spindel werden die Stammverlängerung und konkurrierende Seitentriebe eingekürzt*

## Aufbau eines Wandspaliers

Spalierbäume werden an einem System aus Holzlatten und/oder Drähten an Hauswänden erzogen. Sie bestehen in der Regel aus einem Mitteltrieb, aus dem in mehreren Stufen waagrecht gestellte Leitäste gezogen werden. Das Lattengerüst sollte Querstreben im Abstand von 50 cm haben, die den üblichen Spalierstufen entsprechen.

Der frisch gepflanzte Jungbaum muss nicht unbedingt Seitentriebe aufweisen. In einer Höhe von etwa

## Zur Info

### *Fehler vermeiden*

***Die häufigsten Fehler, die beim Blick über die Gartenzäune oft auffallen:***

- *Nach dem Pflanzen der Obstbäume wird kein Pflanzschnitt durchgeführt. Doch zur Entwicklung einer tragfähigen Krone ist der Pflanzschnitt unbedingt erforderlich.*
- *Alle Triebe werden wahllos angeschnitten. Bei optimaler Entwicklung sind nur geringe Eingriffe notwendig: Leitäste abspreizen (45°), Konkurrenztriebe entfernen, stark wachsende Triebe nicht anschneiden, sondern waagrecht binden, um ihre Triebkraft zu nehmen.*
- *Bei älteren Bäumen wird der Gipfel mitten im Holz gekappt, zahlreiche senkrechte Schosser entstehen. Dagegen sollte man, sobald der Baum die optimale Höhe erreicht hat, einfach auf einen zweijährigen, waagrecht stehenden Seitenast zurückschneiden.*
- *Wenn Äste abbrechen, können sie tief ins Holz einreißen. Beim Entfernen dickerer Äste mit der Säge erst von unten her einen Sicherheitsschnitt durchführen und dann von oben sägen.*

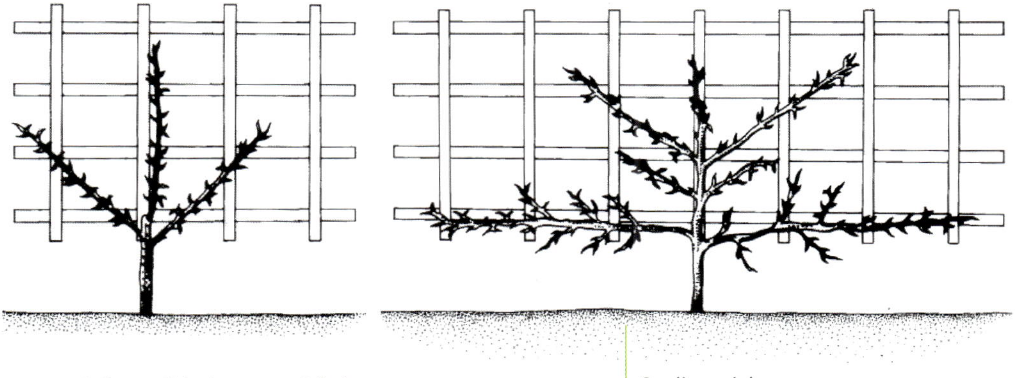

*Spaliererziehung:*
*Links: Im ersten Sommer wird auf drei Knospen zurückgeschnitten, aus denen die Stammverlängerung und zwei Seitenäste gezogen werden*
*Rechts: Im zweiten Sommer werden die beiden neuen Seitenäste wie in der 1. Etage in einem 45 °-Winkel erzogen*

50 cm wird er auf drei gut entwickelte Knospen zurückgeschnitten, aus denen sich im Sommer die neue Stammverlängerung und die beiden Seitenäste für die erste Etage entwickeln. Die Seitenäste werden über den Sommer in einem 45°-Winkel gezogen, da eine sofortige horizontale Erziehung das Wachstum zu stark bremsen würde. Anfang Herbst werden die Triebe vorsichtig abgesenkt.

Beim Winterschnitt werden die Seitenäste etwas eingekürzt, weitere Seitentriebe werden auf drei Augen zurückgenommen. Der Mitteltrieb wird in einem Abstand von 50 cm über der untersten Etage wieder auf drei gut entwickelte Knospen für den Aufbau der nächsten Spalierstufe – Stammverlängerung und zwei Seitenäste – zurückgeschnitten.

Bei ausgewachsenen Bäumen beschränken sich die Schnittmaßnahmen: lediglich die Stammverlängerung und die Horizontaläste werden zurückgenommen und zu dichte Fruchttriebe ausgelichtet.

## Pflanzenschutz

### Schwerpunkt – vorbeugende Maßnahmen

Die Gesunderhaltung unserer Obstgewächse basiert zu einem entscheidenden Teil auf vorbeugenden Maßnahmen. Eine Schlüsselrolle spielt dabei, wie bereits erwähnt, die Auswahl von robusten, krankheitsresistenten Apfel- und Birnensorten. Darüber hinaus gilt allgemein: Pflanzen, die im Garten optimale Voraussetzungen finden, also gute Boden- und Lichtverhältnisse sowie ausgewogene Wasser- und Nährstoffversorgung, sind konditionell fit. Diese Bäume sind widerstandsfähiger, sie sind in der Lage, ihr natürliches Resistenzpotenzial zu aktivieren und werden weniger von Krankheiten und Schädlingen befallen.

*Weniger die Eliminierung der Schaderreger ist das Ziel als vielmehr der Erhalt der Leistungsfähigkeit unserer Obstbäume*

Daraus ergibt sich, dass auch den Kulturmaßnahmen, wie beispielsweise der Stickstoffdüngung, eine große Bedeutung zukommt. Zahlreiche Untersuchungen zeigen, dass mit einer zu großzügigen Stickstoffdüngung der Befall durch Pilzkrankheiten wie Obstbaumkrebs und Schorf sowie durch verschiedene Schädlinge, beispielsweise Spinnmilben, Blatt- und Blutläuse, zunimmt.

Als eindeutig positiv für die Gesundheit der Obstgehölze haben sich all diejenigen Kulturmaßnahmen erwiesen, die zu einer Anreicherung des Bodens mit organischem Material führen. Die damit verbundene Förderung des Bodenlebens verhindert zum einen die rasche einseitige Ausbreitung von im Boden lebenden Schadorganismen. Zum anderen sind in einem gesunden, biologisch aktiven Boden die Bäume gegen Schwächeparasiten unempfänglicher.

Der Baumschnitt stellt insofern ein Problem dar, als durch den Schnitt Eintrittspforten für Schaderreger entstehen. Auf den Schnitt sollte man dennoch nicht verzichten. Die Infektionsgefahr kann wesentlich verringert werden, wenn folgender Hinweise beachtet werden:

- Winterschnitt erst im März durchführen
- Nur bei trockenem Wetter schneiden
- Auf glatte, saubere Schnittführung achten
- Größere Wunden mit Wundmitteln behandeln, Holz- und Rindenteil lückenlos verschließen.

*Gerade an Schnittstellen können Schaderreger leicht in den Baum eindringen. Verschließen Sie daher größere Wunden immer mit einem Wundmittel*

### Aktive Schädlings- und Krankheitsabwehr

Welche Schädlinge richten wirklichen Schaden an? Welche Schäden kann man gelassen tolerieren und welche wirken sich nachhaltig aus?

Beim Anbau von Äpfeln und Birnen im Hausgartenbereich gibt es nur wenige Schädlinge, die ernsthaft Schaden anrichten können, und das auch nur, wenn sie sich stark vermehren und die natürlichen Feinde nicht in der Lage sind, sie einzudämmen. Dazu gehören Insekten, Pilze und Bakterien.

*Nur wenn der Notfall eintritt, sollten Sie sich zur Bekämpfung mit chemischen Mitteln entschließen*

*Apfelwickler*

**Apfelwickler.** Die Raupe (Obstmade) des Apfelwicklers, wissenschaftlich *Cydia pomonella*, verursacht den „Wurm im Apfel". Sie überwintert in Rindenritzen, verpuppt sich im Frühjahr und die Falter schlüpfen Ende Mai. Nach der Paarung werden die Eier in der Nähe der Fruchtbüschel oder direkt auf den Äpfeln abgelegt. Später schlüpfen die Räupchen und dringen in den Apfel ein. Nach drei bis vier Wochen Fraßzeit verlassen sie die Frucht, um sich in den Rindenritzen des Stammes oder größeren Ästen zu verpuppen. Wenig später schlüpfen sie als Falter der zweiten Generation.

Als beste Methode zur Minimierung des Apfelwicklers im Hausgartenbereich hat sich das konsequente Abfangen mit Wellpapierringen erwiesen, die um den Stamm angebracht werden und von Raupen gerne als Verpuppungsversteck angenommen werden.

**Mehlige Apfellaus.** Kontrollieren Sie im Zeitraum kurz vor der Blüte bis etwa drei Wochen nach der Blüte ihre Obstbäume. Finden sie einzelne graublaue Läuse, dann handelt es sich um die Stammmütter der Mehligen Apfellaus (*Dysaphis plantaginea*). Diese bilden sehr rasch Kolonien und verursachen ein starkes Einrollen der Blätter. Haben Sie den Befall rechtzeitig bemerkt, reicht ein Abstreifen der Stammmütter mit dem Finger. Bei einem starkem Befall kommt es zu einer nachhaltigen Beeinträchtigung des Triebwachstums, Trieb- und Fruchtverkrüppelungen sind die Folge.

*Mehlige Apfellaus*

**Rote Spinne (Obstbaumspinnmilbe).** In der Regel spielt dieser Schädling im Hausgartenbereich keine Rolle, wenn man auf intensiven Pflanzenschutz und zu hohe Stickstoff-Düngergaben verzichtet. Die natürlichen Gegenspieler wie Raubmilben und Blumenwa[illegible] werden

## Zur Info

### Pheromonfallen

***Mit der Entschlüsselung des Sexuallockstoffes (Pheromon) des Apfelwicklers, mit dem paarungsbereite Weibchen die Männchen anlocken, wurden neue Weg in der Schädlingsbekämpfung beschritten.***

*Kunststoffampullen, die in großen Mengen synthetisch hergestellten Lockstoff enthalten, werden in den Obstanlagen aufgehängt. Die durch das ausströmende Pheromon völlig verwirrten Männchen sind nicht mehr in der Lage, die paarungsbereiten Weibchen zu finden und zu begatten.*

spielend mit der Roten Spinne *(Panonychus ulmi)* fertig. Dennoch sei die Rote Spinne an dieser Stelle erwähnt, denn nicht selten kauft man den Schädling mit dem Baum ein und wundert sich dann, wenn er kränkelt.

Zur Zeit der Apfelblüte schlüpfen die ersten Larven aus den leuchtend rot gefärbten Wintereiern. Alle Stadien der Roten Spinne, ob Larven, Nymphen oder ausgewachsene (adulte) Tiere, saugen an den Blättern, die sich bei sehr starkem Befall mattgrün bis bronzefarben verfärben und frühzeitig abfallen. Bei der Wahl eines Mittels zur Bekämpfung sollte auf den Hinweis „raubmilbenschonend“ geachtet werden.

Was die pilzlichen und bakteriellen Erkrankungen angeht, sind bei Apfel- und Birnbäumen folgende Schaderreger zu nennen:

**Apfel- und Birnenschorf.** Schorf ist im Erwerbsanbau wie im Hausgarten die wichtigste Pilzkrankheit und chemisch sehr schwer zu bekämpfen. Aus diesem Grund wurden in diesem Buch vor allem Apfelsorten in die Empfehlung mit aufgenommen, die gegen den Apfelschorferreger *(Venturia inaequalis)* resistent sind. Bei den Birnen sind die Sorten 'Harrow Delight', 'Benita' und 'Alexander Lucas' schorfrobust, die Sorten 'Trévoux', 'Harrow Sweet' und 'Gellerts' können vor allem bei sehr feucht-warmer Witterung im Frühjahr von Birnenschorf *(Venturia pirina)* befallen werden.

Zur Vorbeugung der Krankheit ist es ratsam, das schorfbefallene Falllaub jedes Jahr im Herbst aufzusammeln und zu kompostieren. In der Kompostmiete werden die Blätter mitsamt den überwinternden Pilzfruchtkörpern von Mikroorganismen zersetzt. Von Schorf befallene Blätter sollten weder verbrannt noch mit dem Hausmüll entsorgt werden.

*Mit dem Aufsammeln des Falllaubes senken Sie beträchtlich den Infektionsdruck des Schorfpilzes im kommenden Jahr*

**Apfelmehltau.** Vor allem an warmen, trockenen Standorten kann Mehltau *(Podosphaera leucotricha)* zum Problem werden. Im Gegensatz zum

*Apfelmehltau*

Schorf kann der Mehltaupilz ohne großen Aufwand im Hausgarten bekämpft werden. Kontrollieren Sie in regelmäßigen Abständen ihre Bäume. Triebspitzen, die mit weißen Pilzrasen überzogen sind, werden einfach abgeschnitten oder abgebrochen.

**Birnengitterrost.** Meistens zu tolerieren ist der Birnengitterrost, erkennbar an den orangeroten Flecken auf den Blättern. Bei *Gymnosporangium sabinae*, so der lateinische Name des Schaderregers, handelt es sich um einen sehr hoch entwickelten Pilz, der für seinen vollständigen Entwicklungszyklus zwei Wirte benötigt, die Birne und den Wacholder. Die effektivste Bekämpfung der Krankheit ist die Entfernung einer der beiden Wirte, entweder des Wacholders *(Juniperus)* oder der Birne *(Pyrus communis)*! Was tut man aber, wenn der Wacholder auf dem Grundstück des Nachbarn steht? Am besten erst einmal ganz ruhig bleiben, denn bis zu fünf oder sechs Flecken pro Blatt können toleriert werden, ohne dass es zu einem ernsthaften Schaden kommt. Auch werden die Früchte in der Regel nicht befallen.

*Oftmals lässt sich der Nachbar auch mit ein paar saftigen Birnen überzeugen*

*Birnengitterrost*

**Feuerbrand.** Der Feuerbrand ist im Erwerbsanbau gefürchtet, nicht nur weil Ertragsverluste entstehen, sondern weil der Pilz auch verheerende Schäden an den Bäumen anrichtet. Ganze Obstanlagen und ökologisch besonders wertvolle Streuobstbestände wurden in den letzten Jahren vor allem in Südwestdeutschland durch das Bakterium *Erwinia amylovora* innerhalb kurzer Zeit vernichtet. Die gefährliche Bakteriose des Kernobstes hat ihren Ursprung in Nordamerika. In den siebziger Jahren wurde sie zuerst in Norddeutschland gefunden, hat sich aber nun bereits bis Süddeutschland ausgebreitet.

Wichtig ist das rechtzeitige Erkennen dieser Krankheit. Nur so besteht die Möglichkeit, eine weitere Ausbreitung zu verhindern. Bei einem Befall kommt es im Frühjahr und Sommer zu einem Absterben der Blüten, Blätter und Triebe. Charakteristisch für den Feuerbrand sind die aus den befallenen Pflanzenteilen austretenden

*Feuerbrand kann im Hausgartenbereich nicht chemisch bekämpft werden*

## Zur Info

### Wirtspflanzen des Feuerbranderregers

***Wirtspflanzen sind diejenigen Pflanzen, die vom Erreger befallen werden.***

*Sterben Blüten, Blätter oder Triebe einer Pflanze ab, sollte man genauer hinsehen, da es sich nicht zwingend um einen Befall mit Feuerbrand handeln muss. Ist die Pflanze mit dem Erreger befallen, findet man Schleimtröpfchen.*

*Kernobst: Apfel, Birne, Quitte*

*Ziergehölze: Cotoneaster, Feuerdorn, Felsenbirne, Scheinquitte*

*Wildgehölze: Rot- und Weißdorn, Mehlbeere*

*Nicht befallen wird Stein- und Beerenobst.*

gelbbraunen Tröpfchen. Dieser Bakterienschleim entsteht vor allem bei feucht-warmer Witterung in größeren Mengen. Stellen Sie diese Symptome bei ihren Gartenpflanzen fest, sollten Sie sich möglichst schnell mit Ihrer Gemeinde, dem Landratsamt oder dem Landwirtschaftsamt in Verbindung setzen.

Für die Bekämpfung in öffentlichen und privaten Garten- und Parkanlagen stehen keine Pflanzenschutzmittel zur Verfügung. Stark befallene Pflanzen müssen sofort gerodet und vernichtet werden, um weitere vor Ansteckung zu schützen. Sind nur einzelne Triebe befallen, reicht ein Rückschnitt bis weit in das gesunde Holz (mindestens 30 cm).

*Unter indifferenten Insekten versteht man solche, die weder als Schädling noch als Nützling gelten*

### Wenn der Notfall eintritt ...

Sollten Sie sich zur aktiven Bekämpfung entschließen, dann verwenden Sie grundsätzlich nur selektiv wirkende Präparate, die gezielt den gewünschten Schadorganismus treffen, aber Nützlinge und indifferente Insekten weitgehend verschonen. Breit wirksame Pflanzenschutzmittel wie die oft für den Hausgartenbereich angebotenen Pyrethrum-Präparate – als „Mittel für alle Probleme" beworben – stören empfindlich das natürliche Gleichgewicht, da sie nicht nur den Schädling treffen, sondern auch die Nützlinge. Sind diese aber erst einmal beseitigt, können sich Schädlingspopulationen viel schneller und ungestörter aufbauen als zuvor.

## Zur Info

### Schlupfwinkel für Nützlinge

***Mit wenig Aufwand können kleine Nischen für Nützlinge geschaffen werden:***

- *Stein- und Holzhaufen, liebevoll in den Garten integriert, bieten nützlichen Gartenbewohnern Unterschlupf*
- *Hängen Sie Nistkästen für Vögel auf – auch sie sind wichtige Nützlinge!*
- *Verschiedene Hölzer mit unterschiedlich großen Bohrungen, kunstvoll kombiniert mit gebündelten, hohlen Stängeln von Doldenblütlern, Ziegelsteinen und Lehmklumpen, bieten ideale Unterschlupfmöglichkeit für Wildbienen und Hummeln*

- *Den Herbstputz im Garten auf das Frühjahr verschieben: gesundes Falllaub liegen lassen, abgestorbene Pflanzen und Gräser erst im Frühjahr entfernen oder zurückschneiden.*

## Apfel- und Birnbaum düngen

Die optimale Düngergabe für unsere Obstgehölze ist von zwei Komplexen abhängig, die wiederum von einer Vielzahl von Faktoren beeinflusst werden. Für das Nährstoffangebot spielen die Bodenart und -beschaffenheit sowie die Witterung eine Rolle. Daneben ist auch der Nährstoffbedarf der Pflanze ein Kriterium für die Düngung. Der Nährstoffbedarf ist aber wiederum abhängig von der Obstart und -sorte, von der Unterlage und dem Alter der Bäume. Letztendlich ist es aufgrund dieser vielschichtigen und komplexen Faktoren schwierig, ein allgemein gültiges Rezept für den Hausgartenbereich zu geben.

### Zur Info

*Nährstoffe für Obstgehölze*

***Die Nährstoffe werden entsprechend dem Mengenbedarf der Obstgehölze in Haupt- und Spurenelemente eingeteilt.***

*Zu den Hauptnährstoffen zählen Stickstoff (N), Phosphor (P), Kalium (K) und Kalzium (Ca), zu den Spurenelementen Bor (B), Eisen (Fe), Kupfer (Cu), Mangan (Mn), Molybdän (Mo) und Zink (Zn)*

### Mineralisch düngen

Bei der mineralischen Düngung sind Mehrnährstoffdünger oder Mischdünger zu bevorzugen, da grobe Düngungsfehler hier am ehesten vermieden werden. Neben der Stickstoffversorgung stellen Mischdünger praktisch auch die Versorgung mit Kalium und Phosphor der Pflanzen sicher. Unter der großen Vielzahl der im Fachhandel erhältlichen Dünger sind Produkte mit einem Nährstoffverhältnis zwischen Stickstoff, Phosphor, und Kalium ($N/P_2O_5/K_2O$) von 12/12/17 oder 12/12/20 mit Zusätzen von Spurenelementen empfehlenswert. Um ein gutes Wachstum zu erreichen, geben Sie Ihrem Obstbäumchen im Pflanzjahr etwa 200 g Volldünger mit der oben genannten Zusammensetzung in zwei bis drei Gaben, (Ende März bis Ende Mai), verteilt auf eine Fläche von etwa einem Quadratmeter. Diese Menge entspricht einem reinen Stickstoffgehalt von knapp 25 g. Ist das Wachstum zufriedenstellend, sollte die Stickstoffdüngung in den kommenden Jahren auch bei Vollertrag etwas unter 20 g Stickstoff (entspricht 150 g Volldünger) liegen.

Zu reichliche Stickstoffgaben wirken sich nachteilig auf die Widerstandsfähigkeit der Bäume gegenüber Schaderregern aus. Sie sind stärker winterfrostgefährdet und die Qualität der Früchte nimmt ab. Äpfel und Birnen färben schlecht aus und verlieren an Geschmack und Aroma.

### Organisch düngen

Sollten Sie über Kompost oder Stallmist verfügen, so sind diese Dünger im Hausgartenbereich der mineralischen Düngung vorzuziehen. Organische Dünger sind nicht nur Nährstoffträger von sämtlichen Hauptmineralien und Spurenelementen. Sie tragen auch maßgeblich zur Erhaltung und Steigerung der Bodenfruchtbarkeit bei. Hier gilt ebenfalls: Kleinere mehrmalige Gaben an organischen Düngern sind besser als große Mengen in längeren Zeitabständen.

## Ernten und Lagern

Während im Erwerbsanbau der Kompromiss zwischen guter Haltbarkeit und hoher Geschmacksqualität eingegangen werden muss, kann der Hobbygärtner seine Früchte am Baum ausreifen lassen. Der Lohn sind vollreife Äpfel und Birnen mit hervorragendem Geschmack. Die auf den Seiten 19 und 27 angegebenen Erntetermine für die Apfel- und Birnensorten sind als Richtwerte zu verstehen, die je nach Lage und Witterung um ein bis zwei Wochen variieren können.

### Zur Info

**Wie ernten?**

***Gerade im Erwerbsanbau kommt es darauf an, dass die Früchte bei der Ernte nicht beschädigt werden.***
*Darum werden die Pflückerinnen und Pflücker gebeten, bei der Ernte Eheringe und sonstige Ringe abzulegen und die Fingernägel zu schneiden, um Druck- und Schadstellen an den Früchten zu vermeiden, da solche Makel das Obst unverkäuflich machen würden.*

### Woran erkennt man einen reifen Apfel?

Ein reifer, wohlschmeckender Apfel weist eine gut entwickelte, breite Kelchpartie auf. Die Kelchhöcker liegen weit auseinander und bilden eine weite und tiefe Kelchgrube. Weitere Merkmale sind ein hoher Deckfarbenanteil (Rotfärbung) und ein Umschlag der Grundfarbe von grün nach gelb. Nur solche reifen Äpfel entwickeln ihr

*Ernte eines reifen Apfels, der eine gut entwickelte Kelchgrube aufweist*

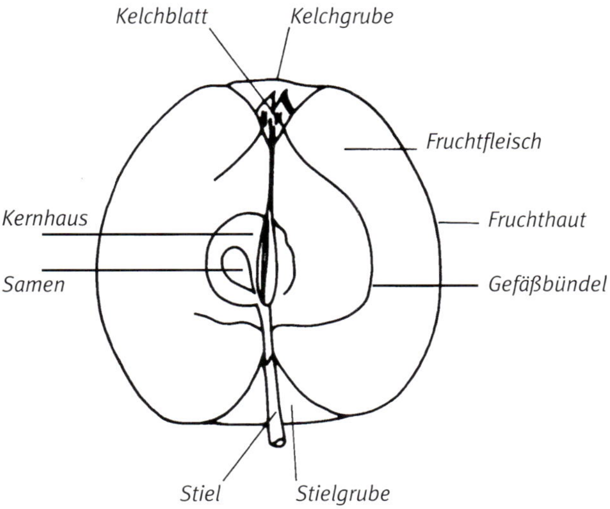


## Zur Info

### *Fruchteigener Lagerschutz*

***Einige Äpfel sorgen selbst für ihre Lagerfähigkeit.***

*Manche Sorten wie beispielsweise 'Jonagold' und 'Idared' bilden während der Lagerung eine Wachs- und Fettschicht. Dieser natürliche Verdunstungsschutz verhindert sehr effektiv ein Schrumpfen der Äpfel.*

sortentypisches Aroma. Unterentwickelte Äpfel sind an einer engen und flachen Kelchgrube erkennbar, schlecht ausgefärbt und grün.

Beim Ernten sollten Äpfel und Birnen nicht abgerissen werden, weil dadurch der Fruchtast mit abbrechen kann oder der Stiel aus der Frucht gerissen wird. Die Früchte werden vielmehr durch leichtes Anheben und Drehen von den Trieben gelöst.

Gelagert werden die Früchte am besten in einem kühlen, nicht zu trockenen Keller. Allerdings dürfen Äpfel und Kartoffeln keinesfalls zusammen gelagert werden. Das von den Früchten abgegebene Reifungshormon Ethylen bewirkt ein Austreiben der Kartoffeln. Die Lagerfähigkeit von Äpfeln lässt sich verbessern, wenn man sie in gelochten Plastiksäckchen verpackt. So wird die Verdunstung und damit das Schrumpfen der Früchte herabgesetzt. Jedoch leidet darunter die Knackigkeit der Früchte.

*Ein schöner Lagerbestand von Äpfeln und Birnen*

Fit und Gesund

Fit und Gesund

# Gesundheit zum Genießen

*„Obst ist gesund" – diese Aussage ist nicht gerade neu und irgendwie haben wir es ja schon immer gewusst, dass eine ausgewogene Ernährung mit viel Obst wichtig ist. Doch der tatsächliche Verzehr von Obst ist nach Studien von Ernährungswissenschaftlern keineswegs befriedigend. Nur 30 % der deutschen Männer und 50 % der deutschen Frauen geben an, täglich frisches Obst zu essen. Aus diesem Grunde startete die Deutsche Gesellschaft für Ernährung (DGE) gemeinsam mit anderen Institutionen die Kampagne „5-a-day", eine Aufforderung an die Bundesbürger, fünfmal täglich Obst und Gemüse zu essen.*

Worin liegen nun die vielen Vorzüge von Obst?

- Mit Obst gibt es kein Kalorien- und kein Cholesterinproblem.
- Die Fruchtzucker werden besonders schnell vom Blut aufgenommen, was besonders bei sportlichen Aktivitäten und geistiger Arbeit erwünscht und hilfreich ist.
- Ballaststoffe fördern und beschleunigen sanft die Verdauung.
- Mit Obst wird der menschliche Organismus exzellent mit Vitaminen, Mineralien, seltenen Spurenelementen und bioaktiven Substanzen versorgt.
- Die vielen Fruchtsäuren erfrischen, regen die Verdauungssäfte an und wirken obendrein Schleim lösend und desinfizierend.

*Die so genannten bioaktiven Substanzen spielen bei der körpereigenen Abwehr, dem Schutz gegen Krebs und anderen Krankheiten eine wichtige Rolle. Zur Gruppe der bioaktiven Substanzen zählen neben Ballaststoffen zum Beispiel die Pflanzenfarbstoffe, auch als sekundäre Pflanzenstoffe bezeichnet*

## Zur Info

### *Der Apfel – ganz oben auf der Beliebtheitsskala*

**Der Pro-Kopf-Verbrauch der Bevölkerung in Deutschland belief sich 1999 auf 92 kg Obst.**

*Aus dem gewerblichen Anbau stammten 65,8 kg und damit 4,8 kg weniger als 1998, der Anteil aus dem übrigen Anbau stieg um 7,5 kg pro Kopf. Das beliebteste Obst war auch 1999 mit einem durchschnittlichen Konsum von 31 kg der Apfel. Die Deutschen essen mehr als viermal so viele Äpfel wie Birnen.*

Beachten sollten Sie nur eines: Essen Sie Obst als Zwischenmahlzeit ganz für sich allein, und wenn in Kombination, dann auf leeren Magen, also vor den Mahlzeiten. Obst verweilt nur kurze Zeit im Magen, und wenn gekochte Speisen ihm den Weg versperren, können Blähungen die Folge sein. Der Renner unter den Früchten ist der Apfel, der zwei Drittel des Frischobstverzehrs ausmacht. Zu den eifrigsten Verbrauchern zählen vor allem Frauen und junge Menschen. Besonders Berufstätige greifen gerne zum Apfel, da er äußerst bequem zu essen ist und im Vergleich zu anderen Obstarten gut in die Tasche gesteckt werden kann. In dieser rotbackigen Frucht stecken viele wichtige Inhaltsstoffe, und nicht umsonst ist der Ratschlag: „An apple each day keeps the doctor away!" über Englands Grenzen hinaus bekannt geworden.

*Eine alte Volksweisheit besagt: „Ein Apfel am Tag vertreibt jedes Ach, und das Weh bleibt fern, isst du ihn ohne Kern"*

**100 g frischer Apfel oder Birne enthalten durchschnittlich**

| | Apfel | Birne |
|---|---|---|
| Energie | 55/230 kcal/J | 55/230 kcal/J |
| Wasser | 85 g | 85 g |
| Eiweiß | 0,3 g | 0,5 g |
| Fett | 0,4 g | 0,3 g |
| Kohlenhydrate | 12 g | 13 g |
| Rohfaser | 1,0 g | 1,8 g |
| Vitamin C | 10 mg | 4 mg |
| Vitamin E | 0,5 mg | 0,4 mg |
| Vitamin B1 | 0,04 mg | 0,03 mg |
| Vitamin B2 | 0,03 mg | 0,04 mg |
| Vitamin B5 | 0,3 mg | 0,2 mg |
| Vitamin B6 | 0,1 mg | 0,02 mg |
| Kalium | 130 mg | 125 mg |
| Kalzium | 5 mg | 7 mg |
| Magnesium | 6 mg | 6 mg |
| Phosphor | 10 mg | 12 mg |
| Eisen | 0,5 mg | 0,3 mg |
| Zucker | 57 °Oe | 55 °Oe |
| Säure | 8 g/l | 3,5 g/l |

## Zur Info

### Die Birne in der Heilkunde

**Die Heilkundigen in der griechischen Antike verboten Kranken, rohe Birnen zu essen, da sie selbst für Gesunde schwer verdaulich waren.**

*Gekochte Birnen galten dagegen als ausgesprochen gesund. Hildegard von Bingen weist in ihrem Rezept auf die reinigende Wirkung von Birnen hin:*
*„Nimm aber Birnen und schneide sie ein und wirf die Kerne fort und koche sie dann kräftig in Wasser und verrühre, was gewesen ist, zu Mus*
*und dann nimm auch Bärwurz und Galgan, weniger als Bärwurz und Liquiricum*
*weniger als Galgan und Perserkraut, weniger als Liquiricum;*
*oder wenn du nicht Bärwurz hast, nimm Wurzel von Fenchel*
*und mache dies zu Pulver und vermische eben dieselben Pulver zusammen*
*und bringe sie in mäßig erwärmten Honig und füge die erwärmten Birnen hinzu*
*und mische kräftig durch Rühren zusammen und lege dasselbe in eine Büchse*
*und verzehre täglich nüchtern, wieviel ein kleiner Löffel fasst und nach dem Frühstück zwei Löffel und zur Nacht im Bett drei Löffel;*
*und das ist das beste Elixier und kostbarer als Gold*
*und nützlicher als das reinste Gold, weil es die Verschleimung fortbringt,*
*und alle kranken Säfte, die in dem Menschen sind, verzehrt und in dem Menschen so reinigt, wie ein Gefäß von Hefe gereinigt wird.“ (Aus: Deutsche Apothekerzeitung 1998)*

Hinsichtlich der Inhaltsstoffe sind Apfel und Birne einander recht ähnlich. Die Unterschiede liegen unter anderem im Vitamin-C-Gehalt, der bei den meisten Apfelsorten höher liegt und im Rohfasergehalt, der bei der Birne höher ist. Vor allem aber unterscheiden sich die beiden Obstarten im Säuregehalt: Die Birne ist im Gegensatz zum Apfel sehr säurearm.

## ■ Energie und Erfrischung

Äpfel und Birnen sind erfrischend und Durst löschend, da sie sehr wasserreich sind. Sie enthalten dagegen kaum nennenswerte Mengen an Fett und Eiweiß. Der Hauptnährstoff im Apfel und in der Birne sind die Kohlenhydrate. Die einfachen Kohlenhydrate, die so genannten Monosaccharide oder Einfachzucker, bestehen aus nur einem Baustein. Zu diesen gehören Fruktose und Glukose, die sehr rasch aufgenommen werden und Ge-

*Je zuckerreicher der Most, desto höher die Oechslegrade. Der ungefähre Zuckergehalt in Prozent ergibt sich aus den Oechslegraden geteilt durch den Faktor 4,25. Bei 60 °Oe enthält der Most also etwa 14 % Zucker*

*Äpfel sind gesund, stillen den kleinen Hunger zwischendurch und tragen zu einer ausgewogenen Ernährung bei*

hirn-, Nerven- und Muskelzellen mit schnell verfügbarer Energie versorgen. Der Zweifachzucker Saccharose und der Mehrfachzucker Stärke benötigen etwas mehr Verdauungsarbeit, denn sie müssen vom menschlichen Körper mit Hilfe von Enzymen erst aufgespalten werden.

## ■ Verdauungshelfer Ballaststoffe

*Die in Äpfeln und Birnen enthaltenen Ballaststoffe wirken sich sehr positiv auf die Verdauung aus*

Zellulose und Pektin, im Apfel und in der Birne vorkommende Zellwandbestandteile (0,6 g pro 100 g Frischfrucht), gehören zu den Ballaststoffen. Sie sind für den Menschen nicht lebensnotwendig, weil sie unverdaulich sind und dem Körper keine Energie liefern. Dennoch ist ein bestimmter Ballaststoffanteil in der täglichen Ernährung erwünscht. Pektin zeichnet sich vor allem durch ein gutes Wasserbindevermögen aus. Es quillt im Dickdarm mächtig auf (1 g Pektin bindet 60 g Wasser), das Stuhlvolumen nimmt zu und die Darmbewegung wird angeregt. Darüber hinaus entwickelt sich bei regelmäßiger Ballaststoffzufuhr eine gesunde Darmflora. Pektine absorbieren im Darm Giftstoffe und unerwünschte Mikroorganismen. Die Anzahl stoffwechselaktiver Bakterien nimmt zu, die mit ihren Enzymen einen Teil der Ballaststoffe zu kurzkettigen Fettsäuren und Gasen abbauen können. Diese Abbauprodukte begünstigen ebenfalls eine Beschleunigung der Darmpassage.

Weiter haben Wissenschaftler herausgefunden, dass größere Mengen Pektin den Blutcholesterinspiegel und damit das Herzinfarktrisiko sen-

## Zur Info

### *Sauer heißt nicht zuckerarm*

***Nicht jeder Apfel, der sauer schmeckt, enthält auch wenig Zucker.***

*Ein typischer Fall für diesen Irrglauben ist der 'Boskoop', der fälschlicherweise oft als Diabetikerapfel angepriesen wird. Zum Brennen von Obstler beispielsweise wird er wegen seines hohen Zuckergehaltes sehr geschätzt. Ob ein Apfel süß oder sauer schmeckt, hängt von seinem Verhältnis zwischen Zucker- und Säuregehalt ab.*

ken, indem sie im Darm die Gallensäuren binden. Deren Verlust wird durch Neubildung aus Cholesterin ausgeglichen, das hierfür aus dem Blut in die Leber transportiert wird.

## Vitaminbörse

Der Apfel enthält zwar keine Rekordwerte, was den Gehalt an Vitaminen betrifft. Seine Stärke liegt jedoch in deren Ausgewogenheit. Bemerkenswert sind die Mengen an Vitamin C, B und E, die in Äpfeln enthalten sind.

*Vitamine sind lebensnotwendige Nahrungsbestandteile, die der menschliche Organismus nicht selbst produzieren kann, sondern mit der Nahrung aufnehmen muss*

So liegt der Vitamin-C-Bedarf laut Empfehlungen der WHO (World Health Organisation) bei 100 mg pro Tag. Vor allem bei schwangeren Frauen und stillenden Müttern ist der Bedarf erhöht, denn Vitamin C unterstützt die Eisenresorption. Da der Eisenbedarf bei Schwangeren ebenfalls höher ist, ist es besonders wichtig, in dieser Phase genügend Vitamin C zu sich zu nehmen.

*Ein appetitlicher Korb voller Gesundheit*

Bekannt ist Vitamin C besonders zur Vorbeugung gegen Erkältungskrankheiten geeignet. Doch sollte man in diesem Zusammenhang nicht einem verbreiteten Trugschluss aufsitzen: Der vorbeugende Effekt ist durch die Einnahme von Vitamin-C-Tabletten nicht unbegrenzt zu steigern. Vitamin C kann nicht im Körper gespeichert und bei Bedarf aktiviert werden. Überschüssiges Vitamin C scheidet der Körper wieder aus. Allein durch den täglichen Verzehr von Obst und Gemüse wird unser Vitamin-C-Bedarf problemlos gedeckt.

## Mineralstoffe – nicht zu unterschätzen

„Mineralstoffe fördern das Wohlbefinden“ lautet ein Slogan der Mineralwasserindustrie, der auch auf den Apfel passt. Ernährungsphysiologisch wichtig ist vor allem der hohe Kaliumgehalt des Apfels. Kalium ist ein Antagonist (Gegenspieler) des Natriums. Durch den Verzehr von verarbeiteten Produkten, Brot, Fertiggerichten, Wurst- und Fleischwaren oder allein durch das Salzen unserer Speisen nehmen wir sehr viel Natrium zu uns. Natrium kann große Mengen an Wasser binden (8 g Natrium binden etwa 1 l Wasser), im Gewebe festhalten und zur Erhöhung des Blutdrucks führen. Kalium entzieht hingegen dem Körper das Wasser, regt die Nierentätigkeit an und wirkt Blutdruck senkend.

## Spurenelemente – kleine Wirkwunder

Äpfel enthalten eine Reihe von Spurenelementen wie Bor, Silizium, Mangan, Zink, Kupfer, Fluor, Jod, Selen und Molybdän. Nennenswert ist vor allem der Gehalt an Eisen, das einen wichtigen Bestandteil des roten Blutfarbstoffes Hämoglobin darstellt. Im Allgemeinen kann vom Körper Eisen aus tierischen Lebensmitteln besser resorbiert (aufgenommen) werden als aus pflanzlichen. Doch bei gleichzeitiger Aufnahme von Vitamin C, beispielsweise beim Verzehr eines Apfels, wird das angebotene Eisen gut verwertet. So deckt ein mittelgroßer Apfel etwa ein Fünfzehntel des Tagesbedarfs an Eisen.

*Eisen wird für die Bildung des roten Blutfarbstoffes Hämoglobin benötigt*

***Gehalt an Spurenelementen in 100 g Apfel***

| | |
|---|---|
| Eisen | 0,3–0,6 mg |
| Bor | 0,2–0,3 mg |
| Silizium | 0,1–0,2 mg |
| Mangan | 0,03–0,1 mg |
| Zink | 0,02–0,07 mg |
| Kupfer | 0,02–0,04 mg |
| Fluor | 5–10 µg |
| Jod | 1–2 µg |
| Selen | 1–2 µg |
| Molybdän | 0,2–1 µg |

## Sekundärstoffe, lange verkannt

Immer wieder verblüfft der Apfel die Ernährungswissenschaftler mit Gehalten und Eigenschaften bekannter und neuer Substanzen. Dies geschah beispielsweise im Zusammenhang mit den sekundären Inhaltsstoffen, die lange verkannt und als Abfallstoffe der Pflanze abqualifiziert wurden. Beim Apfel handelt es sich dabei vor allem um phenolische Substanzen. Bislang wurden im Apfel 40 verschiedene dieser Substanzen erfasst, von denen 15 eindeutig identifiziert werden konnten. Sie tragen so zungenbrecherische Namen wie Caffeoylchinasäure, Phloretinxylosylglycosid und Querzetinxylosid. Im Wesentlichen handelt es sich dabei um Phenolsäuren und Flavonoide. Die Flavonoide sind vor allem direkt unter der Schale eingelagert. Sie bilden das antioxidative Potenzial, mit dem der Apfel sich selbst vor Krankheitserregern oder zu starker UV-Strahlung schützt. Im menschlichen Organismus unterbinden diese Antioxidanzien die Bildung von schädlichen Radikalen und tragen so zum Schutz vor Herzinfarkt und Krebskrankheiten bei.

*Bei den phenolischen Substanzen in Äpfeln oder Birnen handelt es sich im wesentlichen um die chemisch recht einfach gebauten Phenolsäuren und die strukturell sehr vielfältigen Flavonoide. Einige Verbindungen innerhalb der Gruppe der Flavonoide sind gelb, manche rot: Beispielsweise sind Anthozyane für die roten Backen von Apfel und Birne verantwortlich*

### Immer mit Schale

Die bioaktiven Substanzen und Vitamine sitzen direkt unter der Schale. Beim Schälen des Apfels geht etwa ein Viertel der wirksamen Substanzen verloren. Die Gehalte an Phenolen schwanken von Sorte zu Sorte. Aber auch innerhalb einer Sorte gibt es je nach Standort, Witterung oder Düngung kleine Abweichungen im Gehalt. Wer mehrere kleinere Äpfel isst,

**Durchschnittlicher Zucker-, Säure-, Vitamin-C- und Flavonoid-Gehalt verschiedener Apfelsorten**

| Apfelsorte | Zucker | Säure | Vitamin C (in 100 g Frucht) | Flavonoide (in 100g Frucht) |
|---|---|---|---|---|
| Boskoop | 63 °Oe | 12,0 g/l | 11,5 mg | 4,0 mg |
| Cox Orange | 58 °Oe | 7,5 g/l | 9,2 mg | 1,6 mg |
| Elstar | 61 °Oe | 8,8 g/l | 7,7 mg | 1,2 mg |
| Gala Royal | 58 °Oe | 4,0 g/l | 4,2 mg | 1,3 mg |
| Gloster | 52 °Oe | 4,5 g/l | 6,2 mg | 1,8 mg |
| Golden Delicious | 61 °Oe | 5,8 g/l | 10,0 mg | 1,7 mg |
| Idared | 48 °Oe | 5,5 g/l | 15,0 mg | 2,0 mg |
| Jonagold | 56 °Oe | 5,8 g/l | 9,2 mg | 2,2 mg |

nimmt mehr bioaktive Substanzen zu sich, als wenn er einen großen Apfel verzehrt, da die „Kleinen“ im Verhältnis mehr Schale besitzen.

## Infarktschutz durch Flavonoide

Rotwein hat auf diesem Gebiet bereits Furore gemacht. In einer europaweit angelegten Studie fanden Wissenschaftler heraus, dass die Herzinfarkt-Todesrate in Südeuropa wesentlich geringer ist als bei den Nordeuropäern, obwohl die Franzosen und Spanier nicht weniger Fett essen als die Briten oder Finnen, die gleichen Rauchgewohnheiten und die gleichen Cholesterin- und Blutdruckwerte haben. Die Lösung des „Französischen Paradoxon“ fanden die Wissenschaftler in dem regelmäßigen Rotweingenuss der Franzosen. Die im Rotwein reichlich vorkommenden phenolischen Substanzen, besonders die Gruppe der Flavonoide, haben eine positive Wirkung auf die Herzkranzgefäße. Sie bleiben elastisch und es kommt zu keinen gefäßverengenden Ablagerungen. Was das alles nun mit Äpfeln zu tun hat? Im Apfelsaft und Apfel-Cidre findet man diese Substanzen in noch größeren Mengen als im Rotwein …

Ein Aspekt darf bei dieser Betrachtung allerdings nicht unterschätzt werden: bei einem abendlichen Glas Wein oder Most gewinnt man Distanz zu den Schwierigkeiten

**Flavonoid-Gehalte der einzelnen Fruchtpartien verschiedener Apfelsorten**

| Sorte | Fruchtschale (mg/g TS) | Fruchtfleisch (mg/g TS) | Kernhaus (mg/g TS) |
|---|---|---|---|
| Boskoop | 15,8 | 5,8 | 4,1 |
| Cox Orange | 12,1 | 1,9 | 2,2 |
| Elstar | 10,6 | 1,4 | 2,3 |
| Gala Royal | 14,0 | 1,5 | 2,1 |
| Gloster | 11,6 | 2,4 | 2,4 |
| Golden Delicious | 13,0 | 2,1 | 3,1 |
| Idared | 18,2 | 2,4 | 3,1 |
| Jonagold | 17,7 | 2,8 | 4,4 |

TS = Trockensubstanz

### Gehalt an Flavonoiden in Getränken

| | |
|---|---|
| Apfel-Cidre | 2900–3500 mg/l |
| Apfelsaft | 30–600 mg/l |
| Rotwein | 60–280 mg/l |
| Traubensaft (rot) | 150–170 mg/l |
| Bier | 0,6–9 mg/l |
| Weißwein | 1–5 mg/l |

*Äpfel haben auch eine reinigende Wirkung: Das wusste bereits im 19. Jahrhundert Lady Hamilton, die wunderschöne Geliebte des englischen Seefahrers Lord Nelson. Sie wusch täglich ihr Gesicht mit dem Kochwasser gekochter Äpfel*

und Verkrampfungen des Alltags, man wird gelassener und entspannter. Dass auf diesem Wege auch ein gewisser Schutzeffekt gegen Herzinfarkt zustande kommen könnte, ist durchaus plausibel.

## Zahnbürste der Natur

Wer kennt ihn nicht, den grünen Apfel aus der Zahnpasta-Werbung. Jüngst haben japanische Wissenschaftler herausgefunden, dass nicht nur regelmäßiges Zähneputzen vor Karies schützt, sondern auch der Verzehr von Äpfeln. Die Kariesprophylaxe beruht auf den zwei wichtigen Eigenschaften der bereits erwähnten Phenole. Zum einen wirken bestimmte Substanzen aus dieser Gruppe direkt bakterizid. Und zum zweiten besitzen einige phenolische Verbindungen die Eigenschaft der Enzyminaktivierung. Das heißt, sie können spezielle Enzyme der Bakterien hemmen, die diese benötigen, um sich an den Zähnen festzukrallen und den gefährlichen Zahnbelag zu bilden. Aber vor falschen Schlussfolgerungen sei hier gewarnt: der Apfel ersetzt noch lange nicht die Zahnbürste.

*Apfelsaft und Apfelcidre enthalten große Mengen an Flavonoiden, die die Gefäße schützen und so das Herzinfarktrisiko senken*

## Apfel contra Tablette

Die Erforschung der sekundären Pflanzenstoffe steht nicht zuletzt wegen analytischer Schwierigkeiten erst am Anfang. Bisher weiß man noch sehr wenig über die Wirkungen bestimmter phenolischer Substanzen im menschlichen Organismus. Generell gilt aber, dass sie eher dem Vorbeugen als dem Heilen dienen können. Bislang lassen alle Studien nur den Schluss zu, dass eine lebenslange wohldosierte Aufnahme von sekundären Pflanzenstoffen durch reichlichen Verzehr von Obst und auch Gemüse das Risiko von Krebs- und Kreislaufkrankeiten mindert. Und doch bieten bereits amerikanische Hersteller bestimmte bioaktive Substanzen in hohen Dosen zur täglichen Einnahme an, beispielsweise aus Traubenkernen gewonnene Proanthozyanidine als Herz- und Arterienschutz.

## Äpfel und Allergien

Schätzungsweise zwei bis vier Prozent der Erwachsenen in Deutschland leiden unter einer Obstallergie, Tendenz steigend. Äpfel nehmen dabei die Spitzenposition ein, was kein Wunder ist, denn Äpfel sind die meistverzehrte Frucht in Deutschland. Lippenschwellungen, Augentränen, Schwellung im oberen Hals- und Rachenbereich sind typische Symptome, unter denen die Bedauernswerten nach dem Verzehr eines Apfels leiden müssen. Oftmals fällt dann gleich der Verdacht auf die im Obstbau eingesetzten Spritzmittel. Erstaunlicherweise hat die Obstallergie in der Regel nichts mit Spritzmitteln und zunächst noch nicht einmal etwas mit dem Apfel zu tun. Nahezu alle Obstallergiker haben eine Allergie gegen Birkenpollen. Die Überempfindlichkeiten des Körpers sind auf Kreuzreaktionen zwischen Pollen- und Obstallergenen zurückzuführen. Die Allergene (Eiweißstoffe) kommen sowohl in den Birkenpollen als auch im Apfel vor. Dabei scheint die Sensibilisierung primär gegen Birkenpollen zu erfolgen. Wird dann ein bestimmter Grad der Sensibilisierung überschritten, kommt es beim Verzehr eines Apfels zu den beschriebenen allergischen Reaktionen des Körpers.

Beschwerden machen gerade die handelsüblichen Sorten wie 'Golden Delicious' und 'Granny Smith', die im Gegensatz zu 'Boskoop' oder der Frühsorte 'Jamba' hohe Mengen an diesen Eiweißstoffen besitzen. Dennoch braucht niemand auf den Verzehr von Äpfeln zu verzichten. Der verarbeitete oder gekochte Apfel verursacht fast nie Allergien, Allergiker können darum bedenkenlos Apfelkompott oder Apfelkuchen essen. Oft reicht es schon aus, den Apfel zu reiben und einen Moment stehen zu lassen. Durch Reiben werden aus den Apfelzellen so genannte Phenoloxidasen freigesetzt, die die allergenen Eiweiße schachmatt setzen. So kann der frisch geriebene Apfel beschwerdefrei verzehrt werden.

### Zur Info

#### *Gesundheit pur im Überblick*

***Es gibt viele gute Gründe, täglich Äpfel und Birnen zu essen.***

*Äpfel und Birnen sind …*

- *… Spender von Vitamin C, B und E. Ein Apfel kann je nach Sorte bis zu 40 % des Tagesbedarfs an Vitamin C decken.*
- *… reich an Ballaststoffen. Pektine und Zellulose wirken verdauungsfördernd, sorgen für eine gesunde Darmflora und senken den Cholesterinspiegel.*
- *… schmackhafte Schlankmacher. Sie liefern wenig Kalorien, enthalten kaum Fette und Eiweiße, aber sie sättigen und sind gleichzeitig leicht verdaulich.*
- *… Energiespender. Die Kohlenhydrate Fruktose und Glukose werden rasch aufgenommen und sorgen für schnell frei werdende Energie. Dass hält das Gedächtnis fit, steigert die Konzentrationsfähigkeit und stärkt das Nervensystem.*
- *… reich an Mineralstoffen. Kalium wirkt Blutdruck senkend, vorbeugend gegen Bluthochdruck und regt zudem die Nierentätigkeit an.*
- *… prall gefüllt mit sekundären Pflanzenstoffen. Sie tragen bei zum Schutz vor Krebs und Kreislaufkrankheiten, wirken antimikrobiell und entzündungshemmend.*
- *… reich an Spurenelementen, besonders an Eisen.*

*Es gibt sogar Mediziner, die Rauchern zur Nikotinentwöhnung raten, zwei bis drei Tage lang an die 20 Äpfel am Tag zu essen. Da soll einem jegliche Lust am Rauchen vergehen – allerdings vermutlich auch an Äpfeln.*

# Vielseitige Verwendung

*Wie die Kartoffel im Ackerbau, so ist der Apfel im Obstbau durch seine Vielseitigkeit bekannt. Ob gekocht als Apfelmus oder Apfelgelee, gepresst als Apfelsaft und vergoren als Most, nochmals vergoren als Apfelessig, gebrannt als Obstler, getrocknet als Apfelchips, gebacken als Pie-Füllung oder Kuchenbelag – seine Variationsbreite ist immer wieder erstaunlich. Die industrielle Verarbeitung von Äpfeln ist zu einem wirtschaftlich wichtigen Faktor in der Obstbranche geworden. Zur Verarbeitung gelangen zumeist Äpfel, die den Qualitätsklassen nicht entsprechen, sowie Äpfel und Birnen aus dem Streuobstbereich.*

## ■ Direktsaft, Konzentrat & Co.

*Bei einem geschönten Saft wurden die Trübstoffe entfernt. So entsteht aus trübem der klare Apfelsaft*

Ein Großteil der Früchte geht in die Mostereien. Startpunkt für die Weiterverarbeitung zu den verschiedensten Produkten ist das gründliche Waschen, gefolgt vom Maischen und Pressen. Der frische Saft, auch Most genannt, wird kurzzeitig auf 80 °C erhitzt (pasteurisiert). Direkt abgefüllt, geschönt oder ungeschönt gelangt er als klarer oder trüber Direktsaft in den Handel.

### Zur Info

#### *Beliebter Fruchtsaft*

***Die Deutschen sind Weltmeister im Verbrauch von Fruchtsäften.***
*Pro Kopf und Jahr werden 40 Liter Fruchtsaft getrunken. Der Renner ist der Apfelsaft mit 12 Litern Verbrauch, gefolgt vom Orangensaft mit knapp 10 Litern. Immer größerer Beliebtheit erfreut sich die bereits fix und fertig in Flaschen abgefüllte Apfelsaftschorle.*

### Zur Info

#### *Flavonoidgehalt von frisch gepressten Apfelsäften*

***Zwischen dem Flavonoidgehalt und dem Geschmack einiger Sorten lässt sich ein Zusammenhang feststellen.***
*Die würzig bis adstringierend (pelzig) schmeckenden Apfelsorten 'Bohnapfel', 'Kaiser Wilhelm' und 'Boskoop' ergaben die höchsten Flavonoidwerte, während mild bis leer schmeckende Apfelsorten wie 'Gloster' und 'Brettacher' nur wenig Flavonoide produzieren.*

Steht auf dem Etikett „hergestellt aus Konzentrat“, wurde der Saft zur Lagerung und zum Transport konzentriert und vor dem Abfüllen wieder rückverdünnt. Dann gibt es noch den Fruchtnektar. Dieses Getränk ist beileibe nicht mit dem Trank der Götter zu vergleichen, der hinter diesem Namen zu vermuten wäre. Der Anteil an reinem Saft beträgt beim Nektar nur 45

### Wenig Flavonoide – wenig Geschmack?

| Apfelsorte | Flavonoide |
|---|---|
| Berlepsch | 142 mg/l |
| Bohnapfel | 627 mg/l |
| Boskoop | 230 mg/l |
| Brettacher | 70 mg/l |
| Gloster | 51 mg/l |
| Jonagold | 194 mg/l |
| Kaiser Wilhelm | 563 mg/l |
| Melrose | 187 mg/l |

*Wer reichlich Obst geerntet hat, kann als Alternative zu Saft, Kuchen oder Dörräpfeln auch Apfelessig herstellen*

bis 50 %, beim so genannten Fruchtsaftgetränk lediglich 30 %. Der Rest wird mit Wasser, Zucker und Aromastoffen aufgefüllt. Nur auf den ersten Blick erscheint ein Liter Fruchtsaftgetränk billiger als die gleiche Menge an reinem Saft. Zu Hause können aus einem Liter Apfelsaft durch Zusatz von Wasser oder Mineralwasser auch ganz einfach mehrere Liter Apfel-Fruchtsaftgetränk oder Apfelschorle hergestellt werden – und zwar ganz ohne Zuckerzusatz!

## Apfelwein

In Schwaben heißt er „Most", in Hessen „Äppelwoi" und in Frankreich „Cidre": Gemeint ist vergorener Apfelsaft mit einem Alkoholgehalt von etwa 5 %. Wegen seiner Fruchtsäuren ist er appetit- und verdauungsanregend, er eignet sich also als Aperitif ebenso wie als Digestif. Wird Apfelwein einer weiteren Gärung unterzogen, entsteht ein milder Essig. Apfelessig wird nicht nur häufig als mineralstoffhaltiger Gesundheitstrunk zum Entschlacken empfohlen, sondern ist vor allem eine beliebte Zugabe zu Salatsoßen und anderen Speisen.

## Trester ist kein Abfall

Das bei der Pressung von Saft zurückbleibende Fruchtfleisch wird Trester genannt. Wird es in Plastiksäcken verpackt, setzt eine Milchsäuregärung ein. Diese angegorenen Obstrückstände sind ein begehrtes Wildfutter. Der Großteil des Tresters

Apfellikör ist eine besonders wohlschmeckende Möglichkeit der Verarbeitung von Äpfeln

## Zur Info

### *Apfelringe, eine gesunde Alternative zu Süßigkeiten*

***Wenn die Ernte reich ausfällt, drohen die Äpfel schneller zu verderben, als man sie essen kann.***

*Dann bietet sich das Trocknen der Früchte an. Früchte waschen und schälen ist nicht nötig. Das Kernhaus wird entfernt, am besten mit einem Apfelstecher. Zirka 5 mm dicke Ringe schneiden. Die Ringe kurz in Zitronenwasser (Saft einer Zitrone auf 0,25 l kaltes Wasser) tauchen, damit sie nicht so schnell braun werden – und ab in den Backofen. Aber aufgepasst, die Temperatur zum Trocken darf nicht über 70 °C steigen. Ist man auf den Geschmack gekommen oder hat man regelmäßig große Mengen zu verwerten, lohnt sich die Anschaffung eines Dörrapparates. Apfelringe sind eine gesunde Alternative zu Süßigkeiten. In Tütchen abgefüllt eignen sie sich auch gut als kleines, ganz persönliches Mitbringsel.*

wird aber für die Herstellung von Apfelpektin genützt. Gerade die BSE-Problematik bewirkte bei der Herstellung von Gummibärchen ein Umdenken: man meidet die aus tierischen Stoffen gewonnene Gelatine und gibt dem naturreinen Pektin den Vorzug.

*Weil man vor allem in früheren Zeiten nichts umkommen ließ, verwendete man den Trester auch als Grundstoff zum Brennen von Schnäpsen*

Weiter wird Apfelpektin in Marmeladen und Konfitüren eingesetzt, aber auch zunehmend in pharmazeutischen und kosmetischen Produkten, beispielsweise aufgrund seiner heilungsfördernden Wirkungen in Wundsalben oder als pflanzlicher Stabilisator für Cremes. Hinzu kommt, dass neben der Gewinnung von Pektin „Natursüße“ anfällt, ein Glukose-Fruktose-Gemisch, das alternativ zum Süßen von Speisen verwendet werden kann. Die dann noch verbleibenden Reste werden zu Pellets gepresst und als Leckerbissen für Haustiere verkauft.

## ■ Apfelmus und Apfelstücke

Waschen, Schälen, mit einem Rundmesser das Kernhaus ausstechen, zerkleinern, homogenisieren und in Gläser füllen – das bei jung und alt beliebte Apfelmus wird großtechnisch in einem Gewirr von Verarbeitungssträngen hergestellt. Besucht man einen Betrieb, der Apfelmus herstellt, sieht man zunächst, wie die Äpfel gewaschen werden und anschließend in ein großes schwarzes Loch fallen. Läuft man die Verarbeitungsstraße entlang, sieht man nur noch Rohre, Rohre, Rohre: sich verzweigende, zusammenlaufende … . Am Ende wird das fertige Apfelmus in Gläser abgefüllt.

Äpfel mit Einsatzzielpunkt Bäckereien werden in größere Stücke zerteilt, in Vitamin-C-Lösung getaucht, damit sie nicht verbräunen, anschließend luftdicht verpackt und bei tiefen Temperaturen gelagert. Für die meisten Bäckereien ist es nicht mehr wirtschaftlich, die Äpfel für ihr Gebäck selber zu schälen und vorzubereiten.

Selbst die hierbei anfallenden Schalen werden verwertet. Man gewinnt aus ihnen Apfelwachs, das unter anderem bei der Herstellung von Kosmetika zum Schutz der Haut vor Reizstoffen verwendet wird.

## ■ Apfelchips

Für die Herstellung von Apfelchips werden in Scheiben geschnittene Äpfel in eine Lösung aus Vitamin C und Pektin getaucht und anschließend getrocknet. In den USA sind Apfelchips als Alternative zu Kartoffelchips der Knabberhit: Sie enthalten kein Fett und sind sehr kalorienarm. Auch Apfelringe lassen sich leicht selber machen und sind nicht nur für Kinder eine willkommene und gesunde Alternative zu Süßigkeiten.

# Feine Rezepte

Feine Rezepte

# Zum Reinbeißen zu schade?

***Waschen und Reinbeißen – keine Früchte eignen sich besser als Äpfel und Birnen für einen Snack zwischendurch. Aber auch als Salate oder Hauptgerichte, als Desserts und Kuchen bringen Äpfel und Birnen Abwechslung auf den Speisezettel.***

Früher gehörten zu nahezu jedem Haus einige Obstbäume, und was sich an Erträgen nicht lange lagern ließ, wurde eingemacht. Die Ernte aus dem eigenen Garten kostete kaum Geld und auch nicht allzuviel Arbeit, so ist es nicht verwunderlich, dass sich Äpfel und Birnen in der bodenständigen Küche vieler Landstriche einen festen Platz erobert haben.

Äpfel und Birnen bringen Abwechslung auf den Speisezettel

## Zur Info

### Äpfel und Birnen in der Küche

**Äpfel und Birnen lassen sich auf vielfältige Weise verwerten, doch einige Grundregeln sollte man beachten.**

- *Rohe Äpfel und Birnen eignen sich nicht zum Einfrieren. Apfelmus, Birnenkompott oder andere zubereitete Speisen (Apfelkuchen, Aufläufe) können dagegen gut verpackt eingefroren und etwa acht Monate gelagert werden.*
- *Rohkost wird erst kurz vor dem Verzehr zubereitet. Durch Zugabe von etwas Zitronensaft wird die Braunfärbung verhindert und der Vitamin-C-Verlust verringert.*
- *Backäpfel sollen mürbes, nicht zu saftreiches Fruchtfleisch haben (‘Boskoop’).*
- *Saftige Äpfel mit zarter Schale eignen sich, in feine Scheiben geschnitten, für Apfelweinbowle oder Rumtopf (‘Golden Delicious’, ‘Elstar’ und ‘Rubinette’).*
- *Sollen die Früchte nicht zerfallen, lässt man sie bei geringer Hitze in einer Zuckerlösung gar ziehen.*
- *Haben die Früchte wenig Aroma, beträufelt man sie mit Zitronensaft oder Wein oder würzt sie mit Zimt und Vanillezucker.*

**So schmecken die Apfelsorten**

| säuerlich | süß-säuerlich | süß | sehr süß |
|---|---|---|---|
| Berlepsch | Ariwa | Delbardestivale | Fuji |
| Boskoop | Braeburn | Enterprise | Gala |
| Glockenapfel | Cox Orange | Gloster | Golden Delicious |
| James Grieve | Elstar | Jonagold | |
| Ontario | Gerlinde | Pinova | |
| Otava | GoldRush | Resi | |
| Rosana | Idared | Rubinola | |
| | Nela | | |
| | Rajka | | |
| | Reglindis | | |
| | Resista | | |
| | Retina | | |
| | Rubinette | | |
| | Topaz | | |

Bei einigen Rezepten ist es wichtig zu wissen, ob ein Apfel süß oder säuerlich schmeckt, denn im Gegensatz zur Birne gibt es beim Apfel erhebliche Unterschiede.

Zu den säuerlichen Äpfeln zählen die Sorten 'Boskoop', 'Glockenapfel', 'James Grieve' und 'Ontario'. Süß-säuerlich schmecken die Äpfel 'Elstar', 'Braeburn', 'Cox Orange', 'Rubinette', 'Idared'. Süße Sorten sind 'Jonagold', 'Pinova', 'Golden Delicious', 'Delbardestivale', 'Gloster' und 'Fuji'. Bei Kindern ist besonders der ausgeprägt süße Geschmack von 'Gala' beliebt. Weitere Geschmacksrichtungen finden Sie in der nebenstehenden Übersicht.

Eine Weile waren diese einfachen, regionalen Gerichte verpönt, doch plötzlich entdeckten viele Köche die „Neue Einfachheit" und wandten sich wieder den erntefrischen, heimischen Produkten zu. Äpfel und Birnen wurden zum Thema kreativer Kochkunst und haben sich auf diesem Wege einen Platz in der feinen Küche erobert.

Und schließlich hat das wachsende Gesundheits- und Ernährungsbewusstsein unserer Zeit dazu geführt, dass Hausfrauen und -männer im Alltag immer größeren Wert auf frische, Vitamine enthaltende und abwechslungsreiche Gerichte legen. Selbst das schlechte Gewissen beim Verzehr von Süßspeisen wiegt leichter, wenn man sich den gesundheitlichen Wert der Zutaten vor Augen führt.

| | | |
|---|---|---|
| 1 Bd | = | 1 Bund |
| 1 EL | = | 1 Esslöffel |
| 1 Fl | = | 1 Flasche |
| 1 P | = | 1 Päckchen |
| 1 Pr | = | 1 Prise |
| 1 TL | = | 1 Teelöffel |

# Salate & Vorspeisen

## Pikanter Apfel-Sellerie-Möhrensalat

**Zutaten für 4 Personen**

| | |
|---|---|
| 4 | mittelgroße, süß-säuerliche Äpfel |
| 1 | kleine Sellerieknolle (etwa 250 g) |
| 2 | Möhren |
| 50 g | Walnusskerne |
| | Saft einer Zitrone |
| | Kresse |

**Zutaten für die Soße**

| | |
|---|---|
| 1 EL | Öl |
| 2 EL | Apfelessig |
| 150 g | Jogurt |
| 125 ml | süße Sahne |
| | Salz, Pfeffer |

- Sellerieknolle schälen, raspeln und mit Zitronensaft beträufeln
- Äpfel waschen, vierteln, Kernhaus entfernen und in Stifte schneiden
- Möhren waschen, schälen und raspeln, Walnüsse hacken, zugeben und alles miteinander vermischen
- Öl, Essig, Jogurt, Sahne verquirlen, mit Salz und Pfeffer abschmecken
- Marinade unter den Salat heben und etwas ziehen lassen
- Den Salat mit Kresse garnieren und servieren.

**TIPP**

Eine exotischere Note bekommt die Soße durch Zugabe von Curry.

## Apfel-Gurken-Radieschen-Salat

**Zutaten für 4 Personen**

| | |
|---|---|
| 3 | süße Äpfel |
| | Saft einer Zitrone |
| 1 | mittelgroße Salatgurke |
| 2 Bd | Radieschen |
| 50 g | gehackte Nüsse |
| | frischer Dill |

**Zutaten für die Salatsoße**

| | |
|---|---|
| 8 EL | süße Sahne |
| 2 EL | Apfelessig |
| | Salz, Pfeffer |
| 1 Pr | Zucker |

- Äpfel, Salatgurke und Radieschen waschen, in Scheiben schneiden und miteinander vermischen. Mit Zitronensaft beträufeln
- Sahne und Apfelessig verquirlen, mit Salz, Pfeffer und einer Prise Zucker abschmecken
- Salatsoße unter den Salat heben, die gehackten Nüsse über den Salat streuen, mit Radieschen und frischem Dill garnieren und sofort servieren.

**TIPP**

Schälen Sie Äpfel und Gurke möglichst nicht, denn dabei gehen wertvolle Inhaltsstoffe verloren. Stattdessen lieber die Schale gut waschen.

# Putenstreifen auf Apfelscheiben

**Zutaten für 4 Personen**

| | |
|---|---|
| 2 | kleine Putenschnitzel |
| 30 g | Butter oder Margarine |
| 1 | kleiner Eisbergsalat |
| 4 | süß-säuerliche Äpfel |
| | Saft einer Zitrone |
| 1 | Tomate |
| | Kresse |

**Zutaten für die Soße**

| | |
|---|---|
| 4 EL | saure Sahne |
| 2 EL | süße Sahne |
| 1 TL | Dijon-Senf |
| 4 EL | Sherry-Essig |
| | Salz, Pfeffer |

- Butter erhitzen, Putenschnitzel in Streifen schneiden und 10 bis 15 Minuten knusprig anbraten, würzen
- Äpfel waschen, Kernhaus ausstechen, in Scheiben schneiden, mit Zitronensaft bestreichen
- Auf vier Tellern Apfelscheiben mit Salatstreifen belegen, darauf Putenstreifen und Tomatenscheiben anrichten
- Zutaten für die Soße verquirlen, auf Fleisch und Salat verteilen, mit Kresse garnieren.

**TIPP**

Milder schmeckt die Soße, wenn man den Dijon-Senf durch zwei Esslöffel Tomatenketchup ersetzt. Pikant wird sie durch frisch geriebenen Meerrettich.

# Birnen mit Sprossen

**Zutaten für 4 Personen**

| | |
|---|---|
| 4 | reife Birnen |
| | Saft einer Zitrone |
| 150 g | Frischkäse |
| 125 ml | süße Sahne |
| | Zucker, Salz, Pfeffer |
| 200 g | blaue Weintrauben |
| 50 g | ganze Walnüsse |
| 100 g | Mungobohnen-Sprossen |

- Birnen waschen, schälen, Kernhaus ausschneiden, den Stiel nicht entfernen, Birnen fächerartig einschneiden, mit Zitronensaft beträufeln, auf vier flachen Tellern dekorativ verteilen
- Frischkäse mit Sahne zu einer dickflüssigen Masse verquirlen, eine Prise Zucker hinzugeben, mit Salz und Pfeffer abschmecken. Masse über die Birnen geben
- Weintrauben waschen und halbieren, zusammen mit Walnüssen und Sprossen über den Früchten verteilen.

**TIPP**

Dazu schmeckt am besten ofenfrisches Baguette. Auch Schinkenwürfel passen gut dazu.

## Apfel-Möhren-Suppe

- Zwiebel schälen und fein würfeln, Äpfel und Möhren schälen und in kleine Stücke schneiden
- Zwiebelwürfel in heißem Fett leicht anbraten, nicht bräunen
- Äpfel, Möhren, Ingwer, Koriander und Salz zugeben und 10 Minuten schmoren, nicht braun werden lassen
- Brühe zugießen, aufkochen lassen und 15 Minuten leicht köcheln
- Suppe mit dem Mixstab pürieren, nochmals leicht erhitzen und mit frisch gemahlenem schwarzen Pfeffer und Sahne abschmecken.

**Zutaten für 4 Personen**

| | |
|---|---|
| 1 | Zwiebel |
| 1 EL | Butter oder Margarine |
| 4 | mittelgroße Äpfel |
| 500 g | Möhren |
| 2 TL | frisch geriebener Ingwer |
| 1 TL | gemahlener Koriander |
| 1 l | Gemüsebrühe |
| | Salz, Pfeffer |
| 1 | Schuss Sahne |

**TIPP**

Die Suppe mit einen Klecks halbsteif geschlagener Sahne und etwas Möhrengrün garnieren.

## Himmel und Erde auf die feine Art

- 1 1/2 Liter Wasser mit 1 Teelöffel Salz zum Kochen bringen
- Kartoffeln und Äpfel schälen, in 5 mm dicke Scheiben schneiden und im kochenden Wasser 3 bis 5 Minuten ziehen lassen, abgießen
- Flache Auflaufform einfetten, Kartoffel- und Apfelscheiben einfüllen
- Sahne mit Eiern, fein gehackter Zwiebel und Gewürzen verquirlen, über die Äpfel und Kartoffeln gießen
- Bei 200 °C 30 bis 40 Minuten garen.

**Zutaten für 4 Personen**

| | |
|---|---|
| 500 g | Kartoffeln |
| 500 g | süß-säuerliche Äpfel |
| 1 | Zwiebel |
| 250 ml | Sahne |
| 2 | Eier |
| | Salz, Pfeffer, Muskat |
| | Fett für die Form |

**TIPP**

Der Gratin schmeckt gut zu kurz Gebratenem oder zu Räucherfisch. Mit 250 g Schinkenwürfeln wird er gehaltvoller und eignet sich als Hauptgericht.

# Herzhafte Hauptgerichte

## Überbackene Apfel-Schweinesteaks

- Öl in einer Pfanne erhitzen, Steaks würzen und auf jeder Seite bei mäßiger Hitze 5 Minuten anbraten. In eine flache Auflaufform geben
- Äpfel waschen, schälen, Kernhaus entfernen, in Scheiben schneiden und im Bratenfond kurz auf beiden Seiten anbraten. Auf den Steaks verteilen
- Crème fraîche mit Salz und Muskat abschmecken, über die Apfelscheiben gießen und mit dem Käse abdecken
- Im Backofen bei 200° C backen, bis der Käse zerlaufen ist.

**Zutaten für 4 Personen**

| | |
|---|---|
| 4 | Schweinesteaks |
| 4 EL | Öl |
| 4 | säuerliche Äpfel |
| 4 EL | Crème fraîche |
| | Salz, Pfeffer, Muskat |
| 8 | Scheiben Emmentaler Käse oder Gouda |

**TIPP**

Dazu passt am besten grüner Salat und ofenfrisches Baguette.

## Apfel-Curry-Fisch aus dem Ofen

- Fischfilet unter fließendem Wasser abspülen und trocken tupfen, mit Zitronensaft beträufeln und 15 Minuten stehen lassen. Würzen und in eine eingefettete Auflaufform geben
- Äpfel waschen, schälen, Kernhaus entfernen und die Äpfel klein würfeln
- Äpfel mit Weißwein, Crème fraîche, Salz, Zucker, Curry und dem Mango-Chutney verrühren, die Masse auf den Fischfilets verteilen
- Im Backofen bei 180 °C etwa 30 Minuten backen.

**Zutaten für 4 Personen**

| | |
|---|---|
| 800 g | Fischfilet (Seelachs oder Kabeljau) |
| | Saft einer Zitrone |
| | Salz, Pfeffer |
| 1 TL | Butter oder Margarine |

**Zutaten für den Guss**

| | |
|---|---|
| 2 | süß-säuerliche Äpfel |
| 300 g | Crème fraîche |
| 2 EL | Weißwein |
| 1/2 TL | Salz |
| 1 TL | Zucker |
| 2 TL | Currypulver |
| 2 EL | Mango-Chutney |

**TIPP**

Servieren Sie den überbackenen Fisch mit Basmati-Reis und grünem Salat.

# Apfelpizza

| Zutaten für den Teig (Ø 26 cm) | |
|---|---|
| 150 g | Mehl |
| 1/4 P | Trockenhefe |
| 1/2 TL | Salz |
| 1 EL | Olivenöl |
| 125 ml | warmes Wasser |

| Zutaten für den Belag | |
|---|---|
| 4 | mittelgroße Äpfel |
| 2 | Tomaten |
| 200 g | Hackfleisch |
| 2 | kleine Zwiebeln |
| 1 | Knoblauchzehe |
| 2 EL | Butter oder Margarine |
| | Salz, Pfeffer, Oregano |

| Zutaten für den Guss | |
|---|---|
| 2 | Eier |
| 1 | Schuss süße Sahne |
| 100 g | geriebener Emmentaler Käse oder Gouda |

- Mehl mit Trockenhefe vermischen, lauwarmes Wasser, Öl und Salz mit dem Handrührgerät oder einer Küchenmaschine unterarbeiten, bis ein gut formbarer Teig entstanden ist, der nicht mehr klebt. Mit einem Tuch bedeckt etwa 30 Minuten an einem warmen Ort gehen lassen
- Butter oder Margarine in einer Pfanne erhitzen, Hackfleisch mit der Knoblauchzehe und den Zwiebeln durchbraten, mit Salz, Pfeffer und Oregano abschmecken
- Ofen auf 200 °C vorheizen, Back- oder Pizzaform mit Butter einfetten. Den Teig ausrollen, in die Form legen und einen Rand formen
- Äpfel waschen, schälen, mit dem Rundmesser das Kernhaus entfernen und in Scheiben schneiden
- Zuerst das Hackfleisch auf dem Teig verteilen, darauf die Äpfel und die in Scheiben geschnittenen Tomaten geben
- Eier mit einem Schuss süßer Sahne verquirlen, salzen, pfeffern und den geriebenen Käse unterheben. Den Guss gleichmäßig auf der Pizza verteilen
- 40 bis 50 Minuten bei 200 °C backen.

**TIPP**

Der Belag kann beliebig variiert werden. Statt Hackfleisch bieten sich auch Schinken- oder Speckwürfel an.

# Desserts & Kuchen



## Apfelküchle in Bierteig

- Äpfel waschen, schälen, Kernhaus entfernen. In 1 cm dicke Scheiben schneiden
- Zucker und Zimt mischen, die Äpfel damit bestreuen, mit Rum beträufeln und eine halbe Stunde ziehen lassen
- Eier trennen. Mehl mit Backpulver, Eigelb, Öl und Salz verrühren, nach und nach das Bier dazugeben. Eiweiß steif schlagen und unter den Teig heben
- Apfelscheiben in den Teig tauchen und in heißem Öl goldgelb ausbacken
- Auf Küchenpapier abtropfen lassen, mit Zimt und Zucker bestreuen.

**TIPP**

Dazu passt Vanilleeis oder Vanillesoße mit einem Klecks Schlagsahne.

**Zutaten für 4 Personen**

| | |
|---|---|
| 4 | Äpfel |
| 75 g | Zucker |
| 1 TL | Zimt |
| 4 EL | Rum |

**Zutaten für den Teig**

| | |
|---|---|
| 125 g | Mehl |
| 1/2 TL | Backpulver |
| 1 Pr | Salz |
| 2 | Eier |
| 1 1/2 EL | Öl |
| 100 ml | helles Bier |

## Apfel-Tiramisu

- Butter und Puderzucker in einer Pfanne erhitzen, bis der Zucker karamelisiert. Mandelblättchen zugeben
- Krokant erkalten lassen, in kleine Stücke hacken
- Mascarpone, Milch, saure Sahne, Zucker und Vanillezucker zu einer glatten Masse rühren
- Löffelbiskuits in eine Form geben, mit Apfelkorn beträufeln, Apfelmus darüber geben, Krokant darauf verteilen
- Mascarponecreme darüber verteilen, mit Kakao bestäuben
- 4 Stunden im Kühlschrank ziehen lassen.

**TIPP**

Wer auf Alkohol verzichten möchte, beträufelt die Löffelbiskuits mit gutem Apfelsaft.

**Zutaten für 4 Personen**

| | |
|---|---|
| 1 EL | Butter |
| 1 EL | Puderzucker |
| 100 g | Mandelblättchen |
| 250 g | Mascarpone |
| 2 EL | Zucker |
| 1 P | Vanillezucker |
| 1/2 Be | saure Sahne |
| 3 EL | Milch |
| 25 | Löffelbiskuits |
| 100 ml | Apfelkorn oder Calvados |
| 800 g | Apfelmus oder weich gekochte Äpfel |
| | ungezuckerter Kakao zum Bestäuben |

# Birnen mit Himbeerpüree

- Mandelsplitter in einer Pfanne ohne Fett kurz rösten, abkühlen lassen
- Himbeeren mit dem Mixer pürieren
- Den Boden von 4 Schälchen mit dem Vanilleeis bedecken
- Birnen schälen, mit dem Rundmesser das Kernhaus entfernen, halbieren und auf das Eis legen
- Das Himbeerpüree darüber gießen, die Mandelsplitter auf den Himbeeren verteilen und sofort servieren.

**TIPP**

Statt die Himbeeren mit dem Mixer zu pürieren, kann man sie auch kurz erhitzen und heiß über die Birnen gießen.

**Zutaten für 4 Personen**

| | |
|---|---|
| 4 | sehr reife Birnen |
| 500 g | frische oder tiefgefrorene Himbeeren |
| 500 ml | Vanilleeis |
| 4 TL | Mandelsplitter |

# Birnensalat

- Birnen halbieren, Kernhaus entfernen, in dünne Scheiben schneiden und mit dem Zitronensaft beträufeln
- Birnenscheiben mit den Walnüssen vermischen und in 4 Schälchen füllen
- Preiselbeermarmelade darauf verteilen
- Alle Zutaten für die Soße vermischen, über den Salat gießen und mit Eiswaffeln garnieren.

**TIPP**

Wer es etwas herber mag, ersetzt einen Teil der Birnen durch säuerliche oder süß-säuerliche Äpfel.

**Zutaten für 4 Personen**

| | |
|---|---|
| 2 | große, reife Birnen |
| | Saft einer Zitrone |
| 80 g | Walnusskerne |
| 80 g | Preiselbeermarmelade |
| | Eiswaffeln |

**Zutaten für die Soße**

| | |
|---|---|
| 4 EL | Jogurt |
| 4 EL | Sahne |
| | Saft einer halben Zitrone |
| 4 cl | Birnen-Obstbrand |
| 1 TL | Puderzucker |

## Apfel-Muffins

**Zutaten für etwa 12 Stück**

| | |
|---|---|
| 250 g | Mehl |
| 2 TL | Backpulver |
| 1/2 TL | Haushaltsnatron |
| 1 TL | Zimt |
| 60 g | gehackte Haselnüsse |
| 1 | Ei |
| 140 g | brauner Zucker |
| 125 g | weiche Butter oder Margarine |
| 150 ml | Milch |
| 250 g | geraspelte Äpfel |

- Mehl in eine Schüssel geben, mit Backpulver, Natron, Zimt und Nüssen vermischen
- Butter oder Margarine mit Zucker und Ei verrühren, Milch zugeben, gut verquirlen
- Mehlmischung unterrühren, danach die geraspelten Äpfel unterheben
- Teig sofort in die eingefetteten Muffin-Formen oder einzelne Backförmchen füllen und im Backofen bei 180 °C etwa 20 Minuten backen.

**TIPP**

Haushaltsnatron gibt es in Apotheken und Drogerien. Alternativ kann man auch Backpulver verwenden.

## Birnentorte

**Zutaten: Biskuit (Ø 28 cm)**

| | |
|---|---|
| 4 | Eier |
| 75 g | Zucker |
| 100 g | Mehl |
| 1/2 TL | Backpulver |

**Zutaten für den Belag**

| | |
|---|---|
| 4 | sehr reife Birnen |
| 150 g | Butter oder Margarine |
| 3 | Eigelb |
| 3 EL | Zucker |
| 4 EL | Rum |
| 200 ml | flüssige Sahne |
| 200 g | Löffelbiskuits |
| 400 ml | geschlagene Sahne |
| | Schokoladenstreusel |

- Zutaten für den Biskuit schaumig schlagen, in eine eingefettete Springform geben, im Backofen bei 220 °C 6 bis 8 Minuten backen.
- Butter mit Eigelb und Zucker schaumig rühren, Rum und flüssige Sahne unterrühren, fein zerbröselte Löffelbiskuits unterheben, bis eine streichfähige Masse entsteht
- Birnenhälften auf den abgekühlten Biskuit legen, Masse darüber streichen, zudecken, über Nacht kühl stellen
- Am nächsten Tag Sahne schlagen, Torte damit bestreichen, mit Birnenecken und Schokoladenstreuseln verzieren.

**TIPP**

Löffelbiskuits zerbröseln: In einen Gefrierbeutel geben, gut verschließen und kräftig mit dem Nudelholz darüber rollen.

# Florentiner Apfelkuchen

- Mürbeteig zubereiten
- Äpfel schälen und vierteln, mit Zucker und Zitronensaft vermischen
- Butter, Zucker, Honig und Milch erhitzen, 5 Minuten dicklich-gelb einkochen. Walnüsse unterrühren, abkühlen lassen
- Ofen auf 200 °C vorheizen. Teig ausrollen, in die eingefettete Springform legen, einen etwa 2 cm hohen Rand formen. Boden mit der Gabel mehrmals einstechen, 10 Minuten vorbacken
- Äpfel darauf geben und mit dem Florentinerguss bedecken, weitere 30 Minuten backen.

**TIPP**

Lauwarm schmeckt der Kuchen am besten. Dazu Schlagsahne oder eine Kugel Vanilleeis!

**Zutaten: Mürbeteig (Ø 26 cm)**

| | |
|---|---|
| 100 g | Zucker |
| 200 g | Butter oder Margarine |
| 300 g | Mehl |
| 1 | Ei |

**Zutaten für den Belag**

| | |
|---|---|
| 1 kg | Äpfel |
| 60 g | Zucker |
| 3 EL | Zitronensaft |

**Zutaten für den Guss**

| | |
|---|---|
| 50 g | Butter |
| 50 g | Zucker |
| 1 El | Honig |
| 3 EL | Milch |
| 100 g | Walnüsse oder Mandelblättchen |

# Apfelkuchen mit Vanillecreme

- Mürbeteig zubereiten
- Puddingpulver mit Zucker mischen, 100 ml kalten Apfelsaft einrühren
- Restlichen Apfelsaft und Weißwein aufkochen, vom Herd nehmen, angerührtes Pulver einrühren. Unter Rühren 1 Minute aufkochen
- Äpfel schälen, Kernhaus entfernen, grob raspeln oder fein schneiden, mit dem Pudding vermischen, auf den Mürbeteig geben
- Im Backofen bei 180 °C 90 Minuten backen

**TIPP**

Kuchen erst nach dem Erkalten aus der Backform nehmen! Anstelle der Äpfel können auch Birnen verwendet werden.

**Zutaten: Mürbeteig (Ø 26 cm)**

| | |
|---|---|
| 100 g | Zucker |
| 200 g | Butter oder Margarine |
| 300 g | Mehl |
| 1 | Ei |

**Zutaten für den Belag**

| | |
|---|---|
| 8 | mittelgroße Äpfel |
| 2 P | Vanillepudding |
| 500 ml | Apfelsaft |
| 250 ml | Weißwein |
| 100 g | Zucker |

# Getränke

## Bunte Apfelweinbowle

| Zutaten für 10 Personen | |
|---|---|
| 5 | säuerliche Äpfel |
| 2 | Birnen |
| 2 | unbehandelte Zitronen |
| 1 | Glas Sauerkirschen |
| 1 | Dose Aprikosen |
| 100 g | Zucker |
| 1 1/2 l | Apfelwein oder Cidre |
| 200 ml | Bitteraperitif (beispielsweise Campari) |
| 1 Fl | Roséwein |
| 1 Fl | Sekt |
| | Frische Zitronenmelisse |

- Äpfel und Birnen schälen, Kerngehäuse entfernen, die Früchte in Scheiben schneiden und mit dem Zucker bestreuen
- Zitronen mit der Schale in hauchdünne Scheiben schneiden
- Die Obstscheiben in den Apfelwein geben und einige Stunden im Kühlschrank gut durchziehen lassen
- Abgetropfte Sauerkirschen und Aprikosen zugeben
- Mit Bitteraperitif, Roséwein und Sekt auffüllen und mit Melissenblättchen garnieren.

**TIPP**

Sehr dekorativ sehen in dieser Bowle Eiswürfel aus, in denen Kirschen eingefroren wurden. Für eine Variante mit geringerem Alkoholgehalt ersetzen Sie den Roséwein durch Cidre und den Sekt durch Mineralwasser mit Kohlensäure.

## Apfelsaftmixgetränk für heiße Tage

| Zutaten | |
|---|---|
| 500 ml | Apfelsaft |
| | Saft von 4 Zitronen |
| 4 EL | Sanddornsaft |
| 4 EL | Puderzucker |
| | Mineralwasser |

- Den gekühlten Apfelsaft mit Zitronensaft, Sanddornsaft und dem Puderzucker gut verrühren
- In hohe, vorgekühlte Gläser geben und mit eiskalten Mineralwasser auffüllen.

**TIPP**

Mit Eiswürfeln, einer Scheibe Zitrone und Strohhalm servieren.

# Eingemachtes

## Apfelmarmelade mit Rosinen

- Äpfel waschen, schälen, Kernhaus entfernen und die Äpfel klein würfeln. Mit Zitronensaft beträufeln
- Zucker in einem großen Topf mit den Äpfeln verrühren. Rosinen und Himbeersirup hinzugeben, alles unter Rühren aufkochen und etwa 4 Minuten kochen lassen
- Gelierprobe machen, Marmelade in heiß ausgespülte Gläser füllen, sofort verschließen und kurze Zeit auf den Kopf stellen.

**TIPP**

Die Apfelmarmelade passt auch gut zu gegrilltem Fleisch und zu Fondue.

**Zutaten für 4 Gläser à 400 g**

| | |
|---|---|
| 1 kg | süß-säuerliche Äpfel |
| | Saft einer Zitrone |
| 650 g | Gelierzucker (2:1) |
| 100 g | Rosinen |
| 2 EL | Himbeersirup |

## Apfel-Birnen-Chutney

- Äpfel und Birnen waschen, Kernhaus entfernen, die Früchte klein schneiden
- Zwiebel in feine Scheiben schneiden, Peperoni aufschlitzen, Kerne entfernen. Fruchtfleisch fein hacken
- Alles in einem Topf mit Essig, Rosinen und Gewürzen mischen und eine halbe Stunde ziehen lassen
- Bei milder Hitze 30 bis 40 Minuten einkochen. Anschließend sofort in heiß ausgespülte Gläser füllen und verschließen.

**TIPP**

Das Chutney muss kühl und dunkel aufbewahrt werden. Angebrochene Chutney-Gläser halten sich zwei bis drei Wochen im Kühlschrank.

**Zutaten für 2500 ml**

| | |
|---|---|
| 1 kg | säuerliche Äpfel |
| 500 g | Birnen |
| 300 g | rote Zwiebeln |
| 2–4 | Peperoni |
| 400 ml | Rotweinessig |
| 375 g | brauner Zucker |
| 30 g | Salz |
| 40 g | Senfkörner |
| 250 g | Rosinen |

# Adressen, Informationsstellen, Literatur

## Bezugsquellen für Birnen und resistente Apfelsorten

- Artus Group
  Marketinggesellschaft
  für Obstneuheiten mbH
  Alte Karlsruher Straße 8
  D–76227 Karlsruhe
  Tel.: (07 21) 94 48 07
  Fax: (07 21) 94 80 80
  Internet: www.artus-group.de

- Erich Dickenmann AG
  Baumschulen
  Ellighausen
  CH–8566 Neuwilen
  Tel.: +41 (0) 71 697 01 71
  Fax: +41 (0) 71 697 01 74

- Dove Baumschulen
  Adligenswilerstrasse 50
  CH–6030 Ebikon-Luzern
  Tel.: +41 (0)41 420 33 66
  Fax: +41 (0)41 420 80 83
  Internet: www.dovepflanzen.ch

- GEVO Pflanzenvertrieb GmbH
  Im Breiten Löhle 18
  D–72622 Nürtingen
  Tel.: (0 70 22) 45 61 0

- Häberli GmbH Obst- und Beeren-zentrum
  Postfach 166
  D–78201 Singen
  Tel.: (0 77 31) 6 92 86
  Fax: (0 77 31) 6 87 39
  oder
  Häberli AG Obst- und Beerenzent.
  CH–9315 Neukirch-Egnach
  Tel.: 00 41 (0)71 474 70 70
  Fax: 00 41 (0)71 474 70 80
  E-Mail: info@haeberli-beeren.ch
  Internet: www.haeberli-beeren.ch

- Baumschule Karrer
  Ittendorfer Str. 23
  88697 Bermatingen
  Tel.: (0 75 44) 15 87

- Baumschule Knein
  Frankenstr. 69
  52385 Nideggen
  Tel.: (0 24 27) 12 51

- Baumschule König
  Am Teichgarten 17
  31033 Brüggen
  Tel.: (0 51 82) 12 98
  Fax: (0 51 82) 29 11
  E-Mail:Webmaster@Obstbaum-Koenig.de
  Internet: www.obstbaum-koenig.de

- Malus bunda
  Gesellschaft zur Förderung und
  Vermarktung von
  Obstlizenzen mbH
  Frankenstraße 69
  D–52385 Nideggen
  Tel.: (0 24 27) 12 51

- Rheinbaumschulen
  Churer Str. 42
  CH–9470 Buchs
  Tel.: +41 (0) 81 756 30 33

- Georg Schneider GbR
  Grenzhöfer Straße 60
  68535 Edingen
  Tel.: (0 62 03) 89 73 0
  Fax: (0 62 03) 8 32 81
  E-Mail: g.schneider_baum-schule@t-online.de
  Internet: www.schneider-baum-schule.de

- Baumschule
  Robert und Martina Schreiber
  Schubertstraße 23
  A–2170 Poysdorf
  Tel.: +43 (0) 25 52 26 76
  Fax. +43 (0) 25 52 33 88
  Internet: www.schreiber-baum.at

## Zubehör

- Oberacker
  Natur & Technik
  Gellertstr. 12
  D–76344 Eggenstein
  Tel.: (0 72 47) 96 30 90
  Fax: (0 72 47) 96 30 91
  Obstmühlen und -pressen

## Amtliche Informationsstellen

- Kompetenzzentrum Obstbau – Bodensee, Schuhmacherhof
  D–88213 Ravensburg
  Tel.: (07 51) 79 03 0
  Fax: (07 51) 79 03 322

- Staatliche Lehr- und Versuchsan-stalt für Wein- und Obstbau
  Traubenplatz 5
  D–74189 Weinsberg
  Tel.: (0 71 34) 50 40
  Fax: (0 71 34) 50 41 33

- Staatliche Lehr- und Versuchsan-stalt für Landwirtschaft, Weinbau und Gartenbau
  Wormser Str.162
  D–55276 Oppenheim
  Tel.: (0 61 33) 93 03 09
  Fax: (0 61 33) 93 03 10

- Bayerische Landesanstalt für Weinbau und Gartenbau
  An der Steige 15
  D–97209 Veitshöchheim
  Tel.: (09 31) 98 01 0
  Fax: (09 31) 98 01 30 0

- Staatliche Lehr- und Versuchsan-stalt für Landwirtschaft, Weinbau u. Gartenbau
  Ahrweiler/Mayen
  Walporzheimer Str. 48
  D–53474 Bad Neuenahr-Ahrweiler
  Tel.: (0 26 41) 97 86 0
  Fax: (0 26 41) 97 86 66

- Institut für Obstbau und Baum-schule
  Versuchsanstalt für Gartenbau an der FH Weihenstephan
  Am Staudengarten 12
  D–85350 Freising
  Tel.: (0 81 61) 71 49 80
  Fax: (0 81 61) 71 52 42

- Eidgenössische Forschungsanstalt für Obst-, Wein- und Gartenbau
  Postfach 185, CH–8820 Wädenswil
  Tel.: +41 (0)1 783 61 11
  Fax: +41 (0)1 783 63 41

In Baden-Württemberg können Sie sich bei Fragen oder Problemen auch an die Obstbauberater der Landratsämter wenden. Den Informationsdienst der Landwirtschaftsverwaltung Baden-Württemberg finden Sie im Internet unter www.landwirtschaft-mlr.baden-wuerttemberg.de.

In den übrigen Bundesländern stehen Landwirtschaftskammern und Landwirtschaftsämter für Information und Beratung zur Verfügung.

## Interessante Adressen im Internet

- www.obstbau.net
  In einer umfangreichen Datenbank werden die verschiedensten Obstarten und Sorten ausführlich beschrieben. Unter der Rubrik „Krankheiten und Schädlinge" erhalten Sie einen Überblick über die Biologie und die Bekämpfung der verschiedenen Schaderreger im Obstbau.

- www.lwg.bayern.de
  Das Fachgebiet Gartenbau der Bayerischen Landesanstalt in Veitshöchheim lädt Sie zu einem Rundgang in ihrem Obstgarten ein.

- www.fh-weihenstephan.de
  Unter dieser Adresse finden Sie eine Beratungsstelle für Hobbygärtner

- www.derapfel.de
  Informationen rund um den Apfel, nicht nur für Kinder!

## Literatur


- AID: Äpfel – Begleitheft zur Film-Serie "Zwiebel und Zweifel. Heft 3111, 1994
- Bänninger, A.: In einem Apfel steckt die ganze Welt. Schweiz. Z. Obstbau-Weinbau 134, 1998, S. 6–8
- Becker, H.: Obst dörren. Obst und Garten 118, 1999, S. 372
- Buchter-Weisbrodt, H.: Sanft entschlacken mit der Birne. Obst und Garten 118, 1999, S. 359
- Buchter-Weisbrodt, H.: Mit dem Apfel Gesundheit genießen. Schweiz. Z. Obst-Weinbau 135, 1999, S. 109–110
- Buchter-Weisbrodt, H.: Milder Muntermacher: die Birne. Schweiz. Z. Obst-Weinbau 135, 1999, S. 168
- Bundessortenamt: Beschreibende Sortenliste – Kernobst, Landbuch Verlagsgesellschaft mbH, Hannover 2000
- Czygan, F.-Ch.: Die Birne. Fruttabel 1, 2000, S. 16–17
- Küpper, C.: Der Apfel und seine ernährungsphysiologischen Eigenschaften. Obstbau 23, 1998, S. 665–669
- Mayr, U. und D. Treutter: Vorkommen und Gehalte von Flavanolen in Apfelfrüchten und -säften. In: XXXI. Vortragstagung, Dt. Gesellschaft für Qualitätsforschung, Pflanzliche Nahrungsmittel e. V., Kiel, 1996, S. 113–118
- Mayr, U.: Mit dem Apfel Gesundheit genießen. Obst und Garten 115, 1996, S. 468–469
- MLR Baden-Württemberg: Rund um den Apfel. Informationsbroschüre. Stuttgart 2000
- Rueß, F.: Resistente und robuste Kernobstsorten. Informationsbroschüre der Staatlichen Lehr- und Versuchsanstalt für Wein- und Obstbau, Weinsberg 2000
- Streif, J.: Wie sich Sorten unterscheiden. Informationsblatt der Versuchsstation für Obstbau, Bavendorf 1996
- Treutter, D.: Flavane in pflanzlichen Lebensmitteln. In: XXXI. Vortragstagung, Dt. Gesellschaft für Qualitätsforschung, Pflanzliche Nahrungsmittel e. V., Kiel, 1996, S. 81–90
- Vieths S., H. Aulepp, B. Schöning und R. Tschirnich: Untersuchungen zur Apfelallergie bei Birkenpollenallergikern. Allergologie 18, 1995, S. 89–97
- Winter F., Helmut J., W. Kennel, H. Link und R. Silbereisen: Lucas' Anleitung zum Obstbau. 30. überarbeitete Auflage. Verlag Eugen Ulmer, Stuttgart 1992


### Weiterführende Literatur


- Buchter-Weisbrodt, H.: Obst – die besten Sorten für den Garten. Verlag Eugen Ulmer, Stuttgart 1993
- Jakubik, U.: Obstbaumschnitt. Grundkurs. Verlag Eugen Ulmer, Stuttgart 2001
- Rueß, F.: Resistente und robuste Kernobstsorten. Informationsbroschüre der Staatlichen Lehr- und Versuchsanstalt für Wein- und Obstbau, Weinsberg 2000
- Fischer, M.: Farbatlas Obstsorten, Verlag Eugen Ulmer, Stuttgart 1995
- Silbereisen, R.; Götz, G.; Hartmann, W.: Obstsorten-Atlas. 2. Auflage, Verlag Eugen Ulmer, Stuttgart 1996

# Register


Abspreizen 31, 33
Adam 9
Adamsapfel 10
Alexander Lucas 28
Allergien 51
Alterstoleranz 16
Anbinden 29f.
Anthozyane 48
Antonovka 16, 18
Äpfel 17ff.
Apfelchips 55
Apfelmehltau 36
Apfelmus 55
Apfelorakel 10
Apfelringe 54
Apfelsaft 52
Apfelschorf 36f.
Apfelstücke 55
Apfelwein 53
Apfelwickler 35
Aphrodite 10
Ariwa 19, 21f., 25, 59
Ascosporen 16
Athene 10
Ausdünnen 24

Ballaststoffe 46f.
Baumscheibe 29
Baumschnitt 30, 34
Benita 26ff.
Berlepsch 19, 22, 25, 59
Bioaktive Substanzen 4, 44, 48
Birnen 26ff.
Birnengitterrost 37
Birnenschorf 36f.
Boskoop 19, 22, 25, 59
Butterbirne 27

Cholesterin 47
*Cydia pomonella* 35

Deckfarbe 26, 40
Direktsaft 52
Dreißigjähriger Krieg 9
Düngung 39ff.
*Dysaphis plantaginea* 35

Enterprise 19, 22f., 25, 59
Ernten 40
*Erwinia amylovora* 37
Falllaub 36
Feuerbrand 37f.
Flavonoide 48ff.
Flavonoidgehalt 49f., 52
Fontane, Theodor 12
Fruchtbehang 24
Fruchteigenschaften 22, 28
Fruktose 45

Gedichte 11f.
Gellert 27ff.
Gentechnik 4
Genussreife 18
Gerlinde 18f., 22, 25, 59
Glukose 45
Goethe, J. W. von 12
Gogh, Vincent van 11
GoldRush 19, 22, 24f., 59
Grasmulch 30
Grundfarbe 26, 41
*Gymnosporangium sabinae* 37

Harrow Delight 26ff.
Harrow Sweet 27ff.
Hauptelemente 39
Helena 10
Hera 10
Herzinfarkt 49
Hesse, Hermann 12
Holzapfel 8



**Die Deutsche Bibliothek – CIP-Einheitsaufnahme**
Ein Titeldatensatz für diese Publikation ist bei Der Deutschen Bibliothek erhältlich.





**Bildquellen**
Helga Buchter-Weisbrodt: S. 8 (o), 11, 21 (o), 26, 27, 29, 31 (o.li), 54 (2)
Manfred Fischer: S. 18 (o)
Klaus Hagmann: S. 53
Peter Himmelhuber: S. 33, 35 (li), 37, 40
Ralf Leinburger: S. 8 (u)
Hans Reinhard: S. 1, 6/7, 14/15, 18 (u), 28 (o), 30 (o), 34, 41, 44, 47, 58, 59
Wolfgang Redeleit: Umschlagfoto groß
Fridhelm Volk, Stuttgart: Freisteller Umschlag, S. 42/43, 56/57, 61, 66, 70, 75, 76
Ingo Wandmacher: Freisteller S. 10, 12, 50
Alle übrigen Fotos vom Autor.
Zeichnungen: Kerstin Heß.





Wollgrasweg 41, 70599 Stuttgart
E-Mail: info@ulmer.de
Internet: www.ulmer.de
Printed in Germany

Lektorat: Carola Hils

Covergestaltung und Layout:
CYCLUS · Visuelle Kommunikation
Herstellung und DTP:
CYCLUS · Media Produktion

Druck und Bindung:
Offizin Andersen Nexö, Zwenckau

ISBN: 3-8001-3588-4

Holzbirne 8
Iduna 10
Inhaltsstoffe 45
Isidor 9

James Grieve 19, 22, 24f., 59

Kalium 39, 47
Kariesprophylaxe 50
Karl der Große 9
Kelchpartie 40
Kinderfest 11
Klimt, Gustav 11
Kohlenhydrate 45
Kompost 39
Konzentrat 52
Kunst 11f.

Lagern 40
Legenden 9f.
Lehrgärten 13
Lehrpfade 13
Luther, Martin 10

*Malus* 9
– *floribunda* 16, 18
– *pumila* 8
– *robusta* 17
– *sublobata* 17
– *sylvestris* 8
– *zumi* 17
Maria Birnbaum 10
Mehlige Apfellaus 35
Mineralstoffe 47f.
Monogen 18
Museen 13
Mythen 9f.

Nährstoffe 39
Nashi-Birne 26f.
Natrium 47
Nela 17, 19, 22, 25, 59
Newton, Isaac 11
Nodien 26
Nützlinge 38

Obstbaumspinnmilbe 35
Otava 19, 22f., 25, 59

*Panonychus ulmi* 36
Paris 10
Pektin 46, 55
Pflanzen 29f.
– kaufen 28f.
Pflanzenschutz 16, 34ff.
Pflanzschnitt 30, 32
Pflückreife 18
Pfropfen 9
Phenole 50
Pheromonfallen 36
Phosphor 39
*Podosphaera leucotricha* 36
Polygen 18
Pomologen 9
Pyramidenform 32
*Pyrus* 9
*Pyrus communis* 37
– *nivalis* 8
– *pyraster* 8
– *salviifolia* 8

Rajka 19, 22f., 25, 59
Raubmilben 35
Reglindis 18
Reichsapfel 10
Resi 19, 20, 25, 59
Resista 19, 22, 24f., 59
Resistenz 4
Re-Sorten 17
Retina 17, 19, 22, 25, 59
Ribbeck 12
Rindenmulch 30
Rosaceae 8
Rosana 19, 20, 22, 25, 59
Rosengewächse 8
Rote Spinne 35
Roth, Johannes 12
Rubinola 19, 20, 22, 25, 59

Saccharose 46
Säuregehalt 49
Schiller 10
Schlanke Spindel 31f.
Schneebirne 8
Schneewittchen 8
Schnittkurse 31
Sekundärstoffe 48
Shelf-life 17, 24
Sonnenfrüchte 23
Sorten 17ff.
– Eigenschaften 19, 27
Spaliererziehung 33
Spurenelemente 39, 48
Stallmist 39
Stickstoff 39
Streuobstbau 9
Stützpfahl 30
Supertrévoux 26

Tell, Wilhelm 10
Topaz 19, 21f., 25, 59
Trester 53
Trévoux 26ff.
Trojanischer Krieg 10

Uhland, Ludwig 11
Unterlage 20, 28

*Venturia inaequalis* 16, 36
Veredlungsstelle 29f.
Vitamin C-Gehalt 49
Vitamine 47f.
Volksweisheiten 9f.
Vollertragsphase 32

Wandspalier 32f.
Widerstandsfähigkeit 25, 29
Wildapfel 17
Wirtspflanze 38
Wuchseigenschaften 19, 27
Wundmittel 34

Zankapfel 10
Zellulose 46
Züchtung 17
Zuckergehalt 49
Zwergapfel 8

# Anregungen zum Selbermachen.

Einkochen macht Spaß und ist ganz einfach. Mit den Grundrezepten kommen auch im Haushalt Unerfahrene bestens zurecht. Das Buch enthält das nötige Wissen und viele Anregungen wie Früchte richtig eingekocht, kandiert und eingelegt werden.

*Früchte einkochen, kandieren und einlegen. G. Colditz. 1991. 128 Seiten, 71 Farbfotos, 8 Zeichnungen.* *ISBN 3-8001-6246-6.*

Räuchern ist nicht nur ein traditionsreiches Verfahren zum Haltbarmachen von Fleisch und Fisch, es macht eine Hühner- oder Gänsebrust, ein Stück vom Lamm oder einen frisch geangelten Fisch zur ganz besonderen Delikatesse.

*Räuchern. Fleisch, Wurst, Fisch. E. Binder. 4. Aufl. 2001. 125 S., 67 Farbf.* *ISBN 3-8001-3123-4.*

Trocknen von Obst und Gemüse, lange Zeit fast in Vergessenheit geraten oder als veraltet betrachtet, ist die einfachste und ursprünglichste Methode der Konservierung. Dörren hat das ganze Jahr Saison und es ist erstaunlich, was man alles trocknen kann: Früchte, Gemüse, Kräuter, Körner, Pilze. Noch überraschender ist es, wie vielfältig die Verwendungsmöglichkeiten sind, die der Autor in den Rezepten, die jedoch nur Beispiele sein sollen, vorstellt. Da gibt es das traditionsreiche Hutzel- oder Kletzenbrot, köstliche Fruchtpasten, Gemüse für Suppen und Eintöpfe und Pilze zu aromatischem Würzpulver verarbeitet - alles dies als Anregung für eigene Versuche und Erfindungen.

*Dörren. Früchte, Gemüse, Kräuter. A. Samwald. 3. Aufl. 1997. 126 S., 61 Farbf.* *ISBN 3-8001-6868-5.*

Obst und Beeren aus eigenem Anbau und Wildfrüchte aus dem Garten oder aus der Natur zu Saft, Wein, Likör zu verarbeiten, ist für die einen ein reizvolles Hobby, für andere eine wichtige Methode, Früchte zu verwerten. Der Autor zeigt in diesem Buch leicht anwendbare und zuverlässige Methoden der Saft- und Weinherstellung und beschreibt die verwendbaren Geräte. Auch ein Kapitel über die Essigherstellung, die auf ein stetig wachsendes Interesse bei Erzeugern und Verbrauchern stößt, finden Sie in diesem Buch.

*Fruchtsäfte, Weine, Essig und Liköre. H. Thönges. 3. Auflage 1999. 125 Seiten, 52 Farbfotos, 28 Zeichnungen.* *ISBN 3-8001-6897-9.*